财务会计与审计管理研究

郑建霞　周广秀　黄　洁◎著

线装書局

图书在版编目（CIP）数据

财务会计与审计管理研究 / 郑建霞，周广秀，黄洁著． -- 北京：线装书局，2023.8
ISBN 978-7-5120-5537-7

Ⅰ．①财… Ⅱ．①郑… ②周… ③黄… Ⅲ．①财务会计－研究②财务审计－研究 Ⅳ．①F234.4②F239.41

中国国家版本馆CIP数据核字(2023)第127244号

财务会计与审计管理研究
CAIWU KUAIJI YU SHENJI GUANLI YANJIU

作　　者：	郑建霞　周广秀　黄　洁
责任编辑：	白　晨
出版发行：	线装書局
	地　址：北京市丰台区方庄日月天地大厦B座17层（100078）
	电　话：010-58077126（发行部）010-58076938（总编室）
	网　址：www.zgxzsj.com
经　　销：	新华书店
印　　制：	三河市腾飞印务有限公司
开　　本：	787mm×1092mm　　　1/16
印　　张：	9
字　　数：	215千字
印　　次：	2024年7月第1版第1次印刷

定　　价：58.00元

前　言

  目前我国经济发展速度非常快，企业面临的市场环境也在不断发生变化。企业要想在这种经济环境下取得竞争优势，那么就应该重视财务管理，并且利用财务管理来建立企业的核心竞争力。财务会计能够反映企业的经营活动。是企业管理的重要组成部分，对企业的经济发展有一定的影响。而财务审计管理是企业财务管理的重要组成部分，也是保证财务管理工作的基础，增强了费用投入的真实性和有效性，降低了审核工作的纰漏和财务管理风险，提高了财务管理的效率和水平。合理使用会计、审计能够有效地提升企业财务管理的质量和水平。在经济不断发展的今天，企业需要加强财务管理，提升会计、审计水平，这样才能够保证企业资金使用合理，推动企业向前发展。

  财务管理是组织企业财务活动、处理财务关系的一项经济管理工作，财务管理是企业管理的重要组成部分，掌握会计理论才能够在一定程度上促进企业财务管理的发展。财务管理本质上是一种价值管理，利用价值规律和货币关系配置经济资源，通过对企业各项资金的筹集、使用、收入和分配进行预测、决策、控制、核算、分析与考核。因此，掌握财务管理与会计理论在企业中的应用至关重要。

  由于作者精力有限，加之行文仓促，书中难免存在疏漏与不足之处，望专家、学者与广大读者批评、指正，以使本书更加完善。

编委会

郑建霞　周广秀　黄　洁
乔　茜

目 录

第一章 大数据时代企业财务会计体系构建 ……………………………… (1)
    第一节 大数据环境下的决策变革 ……………………………………… (1)
    第二节 财务管理体系应聚焦落实财务战略 …………………………… (2)
    第三节 如何提升大数据时代的财务战略管理水平 …………………… (3)

第二章 财务会计货币资金管理分析 …………………………………… (5)
    第一节 货币资金概述 …………………………………………………… (5)
    第二节 现金 ……………………………………………………………… (6)
    第三节 银行存款 ………………………………………………………… (10)
    第四节 其他货币资金 …………………………………………………… (20)

第三章 财务会计固定资产管理分析 …………………………………… (23)
    第一节 固定资产概述 …………………………………………………… (23)
    第二节 固定资产的取得 ………………………………………………… (29)
    第三节 固定资产的自建与自制 ………………………………………… (31)
    第四节 固定资产的折旧 ………………………………………………… (35)
    第五节 固定资产使用中的支出 ………………………………………… (40)
    第六节 固定资产减值 …………………………………………………… (42)

第四章 财务会计无形资产管理分析 …………………………………… (45)
    第一节 无形资产概述 …………………………………………………… (45)
    第二节 无形资产的核算 ………………………………………………… (49)
    第三节 可辨认无形资产 ………………………………………………… (54)
    第四节 商誉 ……………………………………………………………… (59)

第五章 财务会计负债及所有权益管理分析 …………………………… (63)
    第一节 流动负债 ………………………………………………………… (63)
    第二节 流动负债核算 …………………………………………………… (65)
    第三节 长期负债 ………………………………………………………… (77)
    第四节 所有者权益 ……………………………………………………… (88)

第六章 财务审计的基础模式 …………………………………………… (101)

第一节　绩效审计与财务审计的比较 …………………………（101）

　　第二节　财务审计与内部控制审计整合 …………………………（103）

　　第三节　社会监督与财务审计的客观性 …………………………（111）

　　第四节　财务审计中管理效益审计的延伸 ………………………（128）

　　第五节　企业财务审计与成本控制 ………………………………（130）

第七章　财务审计创新应用有效性的策略 ………………………（137）

　　第一节　根据企业的发展，实现审计独立 ………………………（137）

　　第二节　针对性改进措施，拓展审计范围 ………………………（137）

　　第三节　引进新技术，提高审计质量与效率 ……………………（138）

第八章　总结与展望 ………………………………………………（140）

　　第一节　主要结论 …………………………………………………（140）

　　第二节　研究局限及进一步研究的方向 …………………………（141）

参考文献 ……………………………………………………………（143）

第一章 大数据时代企业财务会计体系构建

第一节 大数据环境下的决策变革

决策理论学派认为，决策是管理的核心，贯穿于管理的全过程。企业决策是企业为达到一定目的而进行的有意识、有选择的活动。在一定的人力、财力、物力和时间因素的制约下，企业为了实现特定目标，可从多种可供选择的策略中做出决断，以求得最优或较好效果的过程就是决策过程。决策科学的先驱西蒙（Simon）认为，决策问题的类型有结构化决策、非结构化决策和半结构化决策。结构化决策问题相对比较简单、直接，其决策过程和决策方法有固定的规律可以遵循，能用明确的语言和模型加以描述，并可依据一定的通用模型和决策规则实现其决策过程的基本自动化。这类决策问题一般面向高层管理者。非结构化决策问题是指决策过程复杂，其决策过程和决策方法没有固定的规律可以遵循，没有固定的决策规则和通用模型，决策者的主观行为（见识、经验、判断力、心智模式等）对各阶段的决策效果有很大影响，往往是决策者根据掌握的情况和数据临时做出决定。半结构化决策问题介于上述两者之间。而战略决策问题大多是解决非结构化决策问题，主要面向高层管理者。

企业战略管理层的决策内容是确定和调整企业目标，以及制定关于获取、使用各种资源的政策等。该非结构化决策问题不仅数量多，而且复杂程度高、难度大，直接影响企业的发展，这就要求战略决策者必须拥有大量的来自企业外部的数据资源。因此，在企业决策目标的制定过程中，决策者自始至终都需要进行数据、信息的收集工作。而大数据为战略决策者提供了海量和超大规模数据。

大数据时代，工商管理领域正在利用大数据创新商业模式，同时也在创造新的产业空间。在零售业方面，可以通过大数据分析掌握消费者行为，挖掘新的商业模式；在销售规划方面，可以利用大数据分析优化商品的价格与结构；在运营方面，能够利用大数据分析提高运营效率和客户满意度，优化劳动力投入，避免产能过剩；在供应链方面，可以使用大数据对库存、物流、供应商协同等工作进行优化；在金融业领域，利用大数据可以实现市场趋势预测、投资分析、金融诈骗识别和风险管理等功能。除此以外，大数据也可以为新兴的文化创意产业提供扎实有效的数据支撑。例如，超市的排货问题，传统的做法是遵循物以类聚的原则，但是在大数据环境下，依据数据相关性分析，还存在更加合理的方式。世界最大的零售商沃尔玛通过对顾客的购物清单、消费额、消费时间、天气记录，以及超市货物销量趋势等各项数据进行全面的分析，发现每当飓风来临之时，某一种品牌的蛋挞销量就会相应地增加。以这种通过大数据分析显示出的飓风袭击和蛋挞销量之间的关联，指导沃尔玛在商品摆放时将飓风应急用品与蛋挞相邻安排，就可以得到更高的收益，这充分体现了借助于大数据相关性分析所得到的结果可取得传统的人工决策不可能得到的效益改变。

第二节　财务管理体系应聚焦落实财务战略

　　大数据时代，设立单独的财务管理机构是十分必要的。因为企业的核心资源不再仅仅局限于货币资金、土地和知识产权等，商业数据也具有同等的地位。数量巨大、形式多样的商业数据最终会通过各种形式在财务数据中体现，而财务管理人员是处理商业数据最好的人选。将财务管理机构从会计部门独立出来，配备具有丰富经验的从业人员，可以在体制上保证财务管理人员从繁杂的会计核算中解脱出来。一般的财务人员并不擅长数据分析，所以企业在招聘时可以为财务管理机构配备一些数据分析人员，由其专门负责数据的解读。

　　财务数据作为企业最重要、最庞大的数据信息来源，在企业财务活动日益复杂、集团规模日益庞大的今天，其处理的效率、安全等问题考验和制约着企业集团的发展。而伴随着以云计算为标志的新时代的财务共享模式，能够为大数据时代下企业集团再造财务管理流程、提高财务处理效率提供帮助。

　　共享服务中心（Shared Service Center，SSC）是一种新的管理模式，是指将企业部分零散、重复性的业务、职能进行合并和整合，并集中到一个新的半自主式的业务中心进行统一处理。业务中心具有专门的管理机构，能够独立为企业集团或多个企业提供相关职能服务。共享服务中心能够将企业从琐碎零散的业务活动中解放出来，专注于企业的核心业务管理与增长，降低成本，整合内部资源，提高企业的战略竞争优势。共享中心的业务是企业内部重复性较高、规范性较强的业务单元，而且越容易标准化和流程化的业务，越容易纳入共享中心。

　　财务共享即依托信息技术，通过将不同企业（或其内部独立会计单元）、不同地址的财务业务（如人员、技术和流程等）进行有效整合和共享，将企业从纷繁、琐碎、重复的财务业务中剥离出来，以实现财务业务标准化和流程化的一种管理手段。

　　福特公司在20世纪80年代建立了世界公认最早的财务共享服务中心，整合企业财务资源，实现集中核算与管理，并取得了巨大成效。随后财务共享服务中心模式在欧美等国家开始推广，并于20世纪90年代传入我国。而随着我国企业的快速发展和规模的扩张，以及信息化技术的普及，许多国内大型企业集团已经组建了自己的财务共享服务中心，如海尔集团、中国电信等。

　　一项来自英国注册会计师协会的调查显示，超过50%的财富500强企业和超过80%的财富100强企业已经建立了财务共享服务中心。财务共享模式能够为企业带来规模效应、知识集中效应、扩展效应和聚焦效应，实现企业会计核算处理的集中化运作，整合企业内部的知识资源，提高企业财务模式的扩展和复制能力，将企业财务管理人员从琐碎的财务数据处理中解放出来，专注于企业的核心业务。另外，财务共享模式的集约式管理能够提高数据处理的屏蔽性和安全性，控制企业财务风险，降低生产管理成本，提高经营效率，提升企业财务决策支持能力，优化企业的财务管理模式。

　　有了大数据的基础，精益财务分析就有了充分的发挥空间。比如说库存周转率，之前每月10日前做一次分大类的上月库存周转分析，但这种分析方法既粗放又滞后，对管理的改善相当有限，使财务分析失去了意义。

　　就库存周转率来说，当已有细致每一天、每一种物料、每一次进出库、每一个批次的数据时，系统就可以结合次日的生产计划计算出即时的细到每一个库存量单位的存货周转率。建立这种大数据基础之上的精益财务分析赋予了数据新的实在意义，并突破了学术上的库存周转率的限制。传统的用月度平均库存来算库存周转，是因为受到当时的数据基础和计算条件的限制，大数据时代，财务分析的方式与方法也要与时俱进。

第三节　如何提升大数据时代的财务战略管理水平

一、合理利用数据

　　大数据并不是万能的，在企业管理中，数据只能作为参考或者作为指向性的方针。其并不能解决企业任何方面的问题，尤其在当前条件下，基础数据的真实程度十分低，如果说在数据处理的过程中错用了这些数据，那么得出的结论往往有所偏差，企业如果盲目地相信这些数据，那么所造成的后果会十分严重，所以企业的运营管理还需要结合自身发展经验和当前的社会现实。大数据并不是万能钥匙，迷信盲从的结果往往是自毁前程，企业应合理利用大数据，同时更加需要智慧。

二、注重防范危机

大数据不仅仅影响着人们的日常生活，也影响着企业的各项决策，企业对数据的依赖程度越来越高，对数据的处理技术也越来越成熟，但是现实的情况却是由于对数据的过分使用，导致企业在主观判断上失去了方向，造成很多企业出现决策失误。这种现象的出现是由数据资源的现状所造成的，在这个信息大爆炸的时代，各种信息数据种类繁多、数量庞大，对这些数据进行严格筛选、提炼并通过各种精确的算法得出结论却是十分困难的。在当前的条件下，对社会上的数据资源进行筛选是一件十分困难的事情，何谈科学处理计算这些数据呢？原始的数据出现失误，那么结果自然不会正确。同时在对大数据的处理上，主观色彩十分严重，对同一条数据有的人抱着乐观的心态，有的人却保持着悲观的心态去看，那么这样分析得出的结果自然是大相径庭的。因此，企业对大数据的判断需要更加理性，同时需要时刻注意对大数据危机的防范。

三、以企业实际需求为出发点

由于大数据的利用需要大量的硬件设施投入和人力成本，所以在企业管理中，利用大数据的时候需要做一个全面的把控，结合自身的实际制定适合自己的大数据框架体系。就国内对大数据使用的现状来看，我国商业智能、政府管理以及公共服务方面是大数据利用最多，同时也是贡献最多的领域，而企业需要结合自身的实际去使用大数据。从投入成本来看，大部分企业没有足够的能力来使用大数据进行企业管理变革，企业方不要一味地去追求建立自己内部的数据系统，可以考虑用其他的方式来解决，如将自己的企业数据外包出去。

第二章 财务会计货币资金管理分析

第一节 货币资金概述

一、货币资金的内容

货币资金是企业经营过程中以货币形态存在的资产,是企业资产的重要组成部分,也是企业资产中流动性较强的一种资产。任何企业要进行生产经营活动都必须拥有货币资金,持有货币资金是进行生产经营活动的基本条件。货币资金作为支付手段,可用于支付各项费用、清偿各种债务及购买其他资产,因而具有普遍的可接受性。根据货币资金的存放地点及其用途的不同,货币资金分为现金、银行存款、其他货币资金。就会计核算而言,货币资金的核算并不复杂,但由于货币资金具有高度的流动性,因而在组织会计核算过程中,加强货币资金的管理和控制是至关重要的。

二、货币资金的控制

货币资金是企业资产中流动性较强的资产,加强对其管理和控制,对于保障企业资产安全完整、提高货币资金周转和使用效益具有重要的意义。加强对货币资金的控制,应当结合企业生产经营特点,制定相应的控制制度并监督实施。一般说来,货币资金的管理和控制应当遵循如下原则:

(一)严格职责分工

将涉及货币资金不相容的职责分由不同的人员担任,形成严密的内部牵制制度,以减少和降低货币资金管理上舞弊的可能性。

（二）实行交易分开

将现金支出业务和现金收入业务分开进行处理，防止将现金收入直接用于现金支出的坐支行为。

（三）实行内部稽核

设置内部稽核单位和人员，建立内部稽核制度，以加强对货币资金管理的监督，及时发现货币资金管理中存在的问题，改进对货币资金的管理控制。

（四）实施定期轮岗制度

对涉及货币资金管理和控制的业务人员实行定期轮换岗位。通过轮换岗位，减少货币资金管理和控制中产生舞弊的可能性，并及时发现有关人员的舞弊行为。

第二节 现金

一、现金的概念及范围

现金是货币资金的重要组成部分，作为通用的支付手段，也是对其他资产进行计量的一般尺度和会计处理的基础。它具有不受任何契约的限制、可以随时使用的特点。可以随时用其购买所需的物资，支付有关的费用，偿还债务，也可以随时存入银行。由于现金是流动性最强的一种货币资金，企业必须对现金进行严格的管理和控制，使现金能在经营过程中合理通畅地流转，提高现金使用效益，保护现金安全。

现金有狭义的概念和广义的概念之分。狭义的现金仅指库存现金，包括人民币现金和外币现金。我国会计实务中定义的现金即为狭义的现金，而很多西方国家较多地采用了广义的现金概念。广义的现金除库存现金外，还包括银行存款，也包括其他符合现金定义、可以普遍接受的流通中的票证，如个人支票、旅行支票、银行汇票、银行本票、邮政汇票等。但下列各项不应列为现金：

1.企业为取得更高收益而持有的金融市场的各种基金、存款证以及其他类似的短期有价证券，这些项目应列为短期投资。

2.企业出纳手中持有的邮票、远期支票、被退回或止付的支票、职工借条等。其中，邮票应作为库存办公用品或待摊费用；欠款客户出具的远期支票应作为应收票据；因出票人存款不足而被银行退回或出票人通知银行停止付款的支票，应转为应收账款；职工借条应作为其他应收款。

3.其他不受企业控制、非日常经营使用的现金。例如，公司债券偿债基金、受托人的存款、专款专储等供特殊用途的现金。

二、现金的内部控制

由于现金是交换和流通手段，又可以当作财富来储蓄，其流动性又最强，因而最容易被挪用或侵占。因此，任何企业都应特别重视现金的管理。现金流动是否合理和恰当，对企业的资金周转和经营成败至关重要。为确保现金的安全与完整，企业必须建立健全现金内部控制制度。而且，由于现金是一项非生产性资产，除存款利息外不能为企业创造任何价值，因此企业的现金在保证日常开支需要的前提下不应持有过多，健全现金内部控制制度有助于企业保持合理的现金存量。

当然，现金内部控制的目的并不是发现差错，而是减少发生差错、舞弊、欺诈的机会。一个有效的内部控制制度，不允许由单独一个人自始至终地操纵和处理一笔业务的全过程。必须在各自独立的部门之间有明确合理的分工，不允许一个人兼管现金的收入和支付，不允许经管现金的人员兼管现金的账册。内部控制制度在一定程度上起到保护现金资产安全的作用。此外，也可以利用电子计算机监管各项记录的正确性和提高现金收付的工作效率。

健全的现金内部控制制度包括现金收入控制、现金支出控制和库存现金控制三个部分。

（一）现金收入的内部控制

现金收入主要与销售产品或提供劳务的活动有关，所以应健全销售和应收账款的内部控制制度，作为现金收入内部控制制度的基础。

现金收入控制的目的是要保证全部现金收入无一遗漏地入账。其基本内容有：

1. 签发现金收款凭证（即收据）与收款应由不同的经办人员负责办理。一般由销售部经办销售业务的人员填制销货发票和收款收据，会计部门出纳员据以收款，其他会计人员据以入账。处理现金收入业务的全过程由不同人员办理，可以确保销货发票金额、收据金额和入账金额完全一致，能达到防止由单独一个人经办可能发生弊端的目的，起到相互牵制的作用。

2. 一切现金收入必须当天入账，尽可能在当天存入银行，不能在当天存入银行的，应该于次日上午送存银行，防止将现金收入直接用于现金支出的"坐支"行为。

3. 一切现金收入都应无一例外地开具收款收据。对收入款有付款单位开给的凭证，会计部门在收到时，仍应开收据给交款人，以分清彼此的责任。

4. 建立"收据销号"制度，监督收入款项的入账。即根据开出收据的存根与已入账的收据联，按编号、金额逐张核对，核对无误后予以注销。作废的收据应全联粘贴在存根上。"收据销号"的目的是确保已开出的收据无一遗漏地收到了款项，且现金收入全部入账。

5.控制收款收据和销货发票的数量和编号。领用收据应由领用人签收领用数量和起讫编号。收据存根由收据保管人收回，回收时要签收，并负责保管。要定期查对尚未使用的空白收据，防止短缺遗失。已使用过的收据和发票应清点、登记、封存和保管，并按规定手续审批后销毁。

6.对于邮政汇款，在收到时应由两人会同拆封，并专门登记有关来源、金额和收据情况。

7.企业从开户银行提取现金，应当写明用途，加盖预留银行印签，经开户银行审核后，予以支付现金。

（二）现金支出的内部控制

现金支出控制的目的是要保证不支付任何未经有关主管认可批准付款的款项。现金支出要遵守国家规定的结算制度和现金管理办法。其基本内容有：

1.支付现金要符合国家规定的现金使用范围。根据国务院颁发的《现金管理暂行条例》的规定，下列几种情况允许企业使用现金结算：

（1）支付职工的工资、津贴；

（2）个人劳务报酬；

（3）支付给个人的科学技术、文化艺术、体育等各项奖金；

（4）向个人收购农副产品或其他物资而支付的款项；

（5）各种劳保、福利费用以及国家规定的对个人的其他支出，如支付的各种抚恤金、退休金、社会保险和社会救济支出；

（6）出差人员必须随身携带的差旅费；

（7）转账结算起点以下（1000元）的零星开支；

（8）中国人民银行规定的其他使用现金的范围。

2.与付款相关的授权、采购、出纳、记账工作应由不同的经办人员负责，不能职责不分，一人兼管。

3.支票的签发至少要由两人签字或盖章，以相互牵制、互相监督。

4.任何款项的支付都必须以原始凭证作为依据，由经办人员签字证明，分管主管人员审批，并经有关会计人员审核后，出纳人员方能据以办理付款。

5.付讫的凭证要盖销"银行付讫"或"现金付讫"章，并定期装订成册，由专人保管，以防付款凭证遭盗窃、窜改和重复报销等情况的发生。

按照上述内部控制的内容，处理现金支出业务应遵照规定的程序进行。

（三）库存现金的内部控制的目的是要确定合理的库存现金限额，并保证库存现金的安全、完整

其基本内容有：

1.正确核定库存现金限额，超过限额的现金应及时送存银行。库存现金限额

应由开户银行和企业共同根据企业的日常零星开支的数额及距离银行远近等因素确定。企业一般保留三到五天的零用现金,最多不得保留超过15天的零用现金。库存现金限额一经确定,超过部分必须在当天或次日上午由企业解交银行。未经银行许可,企业不得擅自坐支现金。确实情况特殊,需坐支现金的,应由企业向银行提交坐支申请,在银行批准的坐支额度内坐支,并按期向银行报告坐支情况。库存现金低于限额时企业可向银行提取现金,补充限额。

2.出纳人员必须及时登记现金记账,做到日清月结,不得以不符合财务制度和会计凭证手续的"白条"和单据抵充库存现金;不准谎报用途套取现金;不准用银行账户代其他单位和个人存入或支取现金;不准将单位收入的现金以个人名义存储,即"公款私存";不准保留账外公款,不得设置小金库等。每天营业终了后要核对库存现金和现金日记账的账面余额,发现账实不符,要及时查明原因并予以处理。

3.内部审计或稽核人员要定期对库存现金进行核查,也可根据需要进行临时抽查。

在实务中,不同企业由于其业务性质、经营规模、人员数量、现金的来源渠道和支出用途等因素不同,其现金控制制度也不尽相同。然而,不同条件下设立内部控制制度应遵循的基本原则是相同的。其基本原则主要体现在两个方面:第一,实施处理现金业务的合理分工,即现金收支业务包括授权、付款、收款和记录等环节,应由不同的人员来完成,以便形成严密的内部牵制制度。第二,加强银行对现金收支的控制和监督,即企业应尽可能保持最少量的库存现金,绝大部分现金应存入银行,主要的现金支出都使用支票通过银行办理。这样,不仅可以减少保存大量库存现金的成本和风险,而且银行提供的对账单也为检查现金收支记录的正确性提供了依据。

三、现金业务的会计处理

为加强对现金的核算,企业应设置"现金"账。"现金"账户借方反映由于现销、提现等而增加的现金,贷方反映由于现购、现金送存银行、发放工资、支付其他费用等而减少的现金。该账户期末借方余额反映企业实际持有的库存现金。

另外,为随时掌握现金收付的动态和库存余额,保证现金的安全,企业必须设置"现金日记账",按照业务发生的先后顺序逐笔登记。每日终了,应根据登记的"现金日记账"结余数与实际库存数进行核对,做到账实相符。月份终了,"现金日记账"的余额必须与"现金"总账的余额核对相符。

有外币现金收支业务的单位,应当按照人民币现金、外币现金的币种设置现金账户进行明细核算。

1.一般现金业务的账务处理

2.现金溢缺的账务处理

企业平时应经常由内部审计部门或稽核人员检查现金的收付存情况。另外，每日终了结算现金收支或财产清查等，发现有待查明原因的现金短缺或溢余，应及时进行账务处理。

发生的现金溢余或短缺通过"待处理财产损溢"科目核算。查明原因后，如为现金短缺，属于应由责任人赔偿的部分，由"待处理财产损溢"账户转入"其他应收款——××个人"；属于应由保险公司赔偿的部分，由"待处理财产损溢"账户转入"其他应收款——应收保险赔款"；属于无法查明的其他原因，根据管理权限，经批准后记入"管理费用"，确认为当期损益。如为现金溢余，属于应支付给有关人员或单位的，由"待处理财产损溢"账户转入"其他应付款——××个人或单位"；属于无法查明原因的现金溢余，经批准后，记入"营业外收入——现金溢余"。

第三节 银行存款

银行存款是企业存放在银行或其他金融机构的货币资金。依国家有关规定，凡是独立核算的单位都必须在当地银行开设账户。企业在银行开设账户以后，超过限额的现金必须存入银行；除了在规定的范围内可以用现金直接支付的款项外，在经营过程中所发生的一切货币收支业务，都必须通过银行存款账户进行结算。

一、银行存款账户的管理

（一）银行存款账户的类型

正确开立和使用银行账户是做好资金结算工作的基础，企业只有在银行开立了存款账户，才能通过银行同其他单位进行结算，办理资金的收付。

《银行账户管理办法》将企事业单位的存款账户划分为四类，即基本存款账户、一般存款账户、临时存款账户和专用存款账户。

一般企事业单位只能选择一家银行的一个营业机构开立一个基本存款账户，主要用于办理日常的转账结算和现金收付，企事业单位的工资、奖金等现金的支取只能通过该账户办理；企事业单位可在其他银行的一个营业机构开立一个一般存款户，该账户可办理转账结算和存入现金，但不能支取现金；临时存款账户是存款人因临时经营活动需要开立的账户，如临时采购资金等；专用存款账户是企事业单位因特定用途需要开立的账户，如基本建设项目专项资金。

（二）银行存款账户的管理

为了加强对基本存款账户的管理，企事业单位开立基本存款账户实行开户许可证制度，必须凭中国人民银行当地分支机构核发的开户许可证办理。对银行存款账户的管理规定如下：

1. 企事业单位不得为还贷、还债和套取现金而多头开立基本存款账户；
2. 不得出租、出借银行账户；
3. 不得违反规定在异地存款和贷款而开立账户；
4. 任何单位和个人不得将单位的资金以个人名义开立账户存储。

二、银行结算方式的种类

在我国，企业日常与其他企业或个人的大量的经济业务往来，都是通过银行结算的，银行是社会经济活动中各项资金流转结算的中心。为了保证银行结算业务的正常开展，使社会经济活动中各项资金得以通畅流转，根据《中华人民共和国票据法》和《票据管理实施办法》，中国人民银行总行对银行结算办法进行了全面的修改和完善，形成了《支付结算办法》，并于1997年12月1日正式施行。

《支付结算办法》规定，企业目前可以选择使用的票据结算工具主要包括银行汇票、商业汇票、银行本票和支票，可以选择使用的结算方式主要包括汇兑、托收承付和委托收款以及信用卡，另外还有一种国际贸易采用的结算方式，即信用证结算方式。

（一）银行汇票

银行汇票是由出票银行签发的，由其在见票时按照实际结算金额无条件支付给收款人或持票人的票据。银行汇票具有使用灵活、票随人到、兑现性强等特点，适用于先收款后发货或钱货两清的商品交易。单位和个人各种款项结算，均可使用银行汇票。

银行汇票可以用于转账，填明"现金"字样的银行汇票也可以用于支取现金。银行汇票的付款期为1个月。超过付款期限提示付款不获付款的，持票人须在票据权利时效内向出票银行做出说明，并提供本人身份证件或单位证明，持银行汇票和解讫通知向出票银行请求付款。丧失的银行汇票，失票人可凭人民法院出具的其享有票据权利的证明向出票银行请示付款或退款。

企业支付购货款等款项时，应向出票银行填写"银行汇票申请书"，填明收款人名称、支付人、申请人、申请日期等事项并签章，签章为其预留银行的印签。银行受理银行汇票申请书，收妥款项后签发银行汇票，并用压数机压印出票金额，然后将银行汇票和解讫通知一并交给汇款人。

申请人取得银行汇票后即可持银行汇票向填明的收款单位办理结算。银行汇票的收款人可以将银行汇票背书转让给他人。背书转让以不超过出票金额的实际结算金额为限，未填写实际结算金额或实际结算金额超过出票金额的银行汇票不得背书转让。

收款企业在收到付款单位送来的银行汇票时,应在出票金额以内,根据实际需要的款项办理结算,并将实际结算金额和多余金额准确清晰地填入银行汇票和解讫通知的有关栏内。银行汇票的实际结算金额低于出票金额的,其多余金额由出票银行退交申请人。收款企业还应填写进账单并在汇票背面"持票人向银行提示付款签章"处签章,签章应与预留银行的印鉴相同,然后,将银行汇票和解讫通知、进账单一并交开户银行办理结算,银行审核无误后,办理转账。

(二)银行本票

银行本票是由银行签发的、承诺自己在见票时无条件支付确定的金额给收款人或者持票人的票据。银行本票由银行签发并保证兑付,而且见票即付,具有信誉高、支付功能强等特点。用银行本票购买材料物资,销货方可以见票付货,购货方可以凭票提货,债权债务双方可以凭票清偿。收款人将本票交存银行,银行即可为其入账。无论单位或个人,在同一票据交换区域都可以使用银行本票支付各种款项。

银行本票分为定额本票和不定额本票:定额本票面值分别为1000元、5000元、10000元、50000元。在票面划去转账字样的为现金本票。

银行本票的付款期限为自出票日起最长不超过2个月,在付款期内银行本票见票即付;超过提示付款期限不获付款的,在票据权利时效内向出票银行做出说明,并提供本人身份证或单位证明,可持银行本票向银行请求付款。

企业支付购货款等款项时,应向银行提交"银行本票申请书",填明收款人名称、申请人名称、支付金额、申请日期等事项并签章。申请人或收款人为单位的,银行不予签发现金银行本票。出票银行受理银行本票申请书后,收妥款项签发银行本票。不定额银行本票用压数机压印出票金额,出票银行在银行本票上签章后交给申请人。

申请人取得银行本票后,即可向填明的收款单位办理结算。收款单位可以根据需要在票据交换区域内背书转让银行本票。

收款企业在收到银行本票时,应该在提示付款时在本票背面"持票人向银行提示付款签章"处加盖预留银行印鉴,同时填写进账单,连同银行本票一并交开户银行转账。

(三)商业汇票

商业汇票是出票人签发的、委托付款人在指定日期无条件支付确定的金额给收款人或者持票人的票据。在银行开立存款账户的法人以及其他组织之间须具有真实的交易关系或债权债务关系,才能使用商业汇票。商业汇票的付款期限由交易双方商定,但最长不得超过6个月。商业发票的提示付款期限自汇票到期日起

10日内。

存款人领购商业汇票，必须填写"票据和结算凭证领用单"并加盖预留银行印鉴；存款账户结清时，必须将全部剩余空白商业汇票交回银行注销。

商业汇票可以由付款人签发并承兑，也可以由收款人签发交由付款人承兑。定日付款或者出票后定期付款的商业汇票，持票人应当在汇票到期日前向付款人提示承兑；见票后定期付款的汇票，持票人应当自出票日起1个月内向付款人提示承兑。汇票未按规定期限提示承兑的，持票人即丧失对其前手的追索权。付款人应当自收到提示承兑的汇票之日起3日内承兑或者拒绝承兑。付款人拒绝承兑的，必须出具拒绝承兑的证明。商业汇票可以背书转让。符合条件的商业承兑汇票的持票人可持未到期的商业承兑汇票连同贴现凭证，向银行申请贴现。

商业汇票按承兑人不同分为商业承兑汇票和银行承兑汇票两种。

1. 商业承兑汇票

商业承兑汇票是由银行以外的付款人承兑。商业承兑汇票按交易双方约定，由销货企业或购货企业签发，但由购货企业承兑。承兑时，购货企业应在汇票正面记载"承兑"字样和承兑日期并签章。承兑不得附有条件，否则视为拒绝承兑。汇票到期时，购货企业的开户银行凭票将票款划给销货企业或贴现银行。销货企业应在提示付款期限内通过开户银行委托收款或直接向付款人提示付款。对异地委托收款的，销货企业可匡算邮程，提前通过开户银行委托收款。汇票到期时，如果购货企业的存款不足支付票款，开户银行应将汇票退还销货企业，银行不负责付款，由购销双方自行处理。

2. 银行承兑汇票

银行承兑汇票由银行承兑，由在承兑银行开立存款账户的存款人签发。承兑银行按票面金额向出票人收取万分之五的手续费。

购货企业应于汇票到期前将票款足额交存其开户银行，以备由承兑银行在汇票到期日或到期日后的见票当日支付票款。销货企业应在汇票到期时将汇票连同进账单送交开户银行以便转账收款。承兑银行凭汇票将承兑款项无条件转给销货企业，如果购货企业于汇票到期日未能足额交存票款时，承兑银行除凭票向持票人无条件付款外，对出票人尚未支付的汇票金额按照每天万分之五计收罚息。

采用商业汇票结算方式，可以使企业之间的债权债务关系表现为外在的票据，使商业信用票据化，加强约束力，有利于维护和发展社会主义市场经济。对于购货企业来说，由于可以延期付款，可以在资金暂时不足的情况下及时购进材料物资，保证生产经营顺利进行。对于销货企业来说，可以疏通商品渠道，扩大销售，促进生产。汇票经过承兑，信用较高，可以按期收回货款，防止拖欠，在急需资金时，还可以向银行申请贴现，融通资金，比较灵活。销货企业应根据购货企业的资金和信用情况不同，选用商业承兑汇票或银行承兑汇票；购货企业应加强资金的计划管理，调度好货币资金，在汇票到期以前，将票款送存开户银行，保证按期承付。

（四）支票

支票是单位或个人签发的、委托办理支票存款业务的银行在见票时无条件支付确定的金额给收款人或者持票人的票据。

支票结算方式是同城结算中应用比较广泛的一种结算方式。单位和个人在同一票据交换区域的各种款项结算，均可以使用支票。支票由银行统一印制，支票上印有"现金"字样的为现金支票。支票上印有"转账"字样的为转账支票，转账支票只能用于转账。未印有"现金"或"转账"字样的为普通支票，普通支票可以用于支取现金，也可以用于转账。在普通支票左上角划两条平行线的，为划线支票，划线支票只能用于转账，不得支取现金。

支票的提示付款期限为自出票日起10日内，中国人民银行另有规定的除外。超过提示付款期限的，持票人开户银行不予受理，付款人不予付款。转账支票可以根据需要在票据交换区域内背书转让。

存款人领购支票，必须填写"票据和结算凭证领用单"并加盖预留银行印鉴。存款账户结清时，必须将全部剩余空白支票交回银行注销。

企业财会部门在签发支票之前，出纳人员应该认真查明银行存款的账面结余数额，防止签发超过存款余额的空头支票。签发空头支票，银行除退票外，还按票面金额处以5%但不低于1000元的罚款。持票人有权要求出票人赔偿支票金额2%的赔偿金。签发支票时，应使用蓝黑墨水或碳素墨水，将支票上的各要素填写齐全，并在支票上加盖其预留的银行印鉴。出票人预留银行的印鉴是银行审核支票付款的依据。银行也可以与出票人约定使用支付密码，作为银行审核支付支票金额的条件。

（五）信用卡

信用卡是指商业银行向个人和单位发行的，凭以向特约单位购物、消费和向银行存取现金、且具有消费信用的特制载体卡片。

信用卡按使用对象分为单位卡和个人卡；按信誉等级分为金卡和普通卡。

凡在中国境内金融机构开立基本存款账户的单位可申领单位卡。单位卡可申领若干张，持卡人资格由申领单位法定代表人或其委托的代理人书面指定和注销，持卡人不得出租或转借信用卡。单位卡账户的资金一律从其基本存款账户转账存入，在使用过程中，需要向其账户续存资金的，也一律从其基本存款账户转账存入，不得交存现金，不得将销货收入的款项存入其账户。单位卡一律不得用于10万元以上的商品交易、劳务供应款项的结算，不得支取现金。

信用卡在规定的限额和期限内允许善意透支，关于透支额，金卡最高不得超过10000元，普通卡最高不得超过5000元。透支期限最长为60天。透支利息，自签单日或银行记账日起15日内按日息万分之五计算；超过15日，则按日息万分之十计算；超过30日或透支金额超过规定限额的，按日息万分之十五计算。透支计算不分段，按最后期限或者最高透支额的最高利率档次计息。超过规定限额或规定期限，并且经发卡银行催收无效的透支行为称为恶意透支，持卡人使用信用卡不得发生恶意透支。严禁将单位的款项存入个人卡账户中。

单位或个人申领信用卡，应按规定填制申请表，连同有关资料一并送交发卡银行。符合条件并按银行要求交存一定金额的备用金后，银行为申领人开立信用卡存款账户，并发给信用卡。

（六）汇兑

汇兑是汇款人委托银行将其款项支付给收款人的结算方式。单位和个人的各种款项的结算，均可使用汇兑结算方式。

汇兑分为信汇、电汇两种。信汇是指汇款人委托银行通过邮寄方式将款项划转给收款人。电汇是指汇款人委托银行通过电报将款项划给收款人。这两种汇兑方式由汇款人根据需要选择使用。汇兑结算方式适用于异地之间的各种款项结算。这种结算方式划拨款项简便、灵活。

企业采用这一结算方式，付款单位汇出款项时，应填写银行印发的汇款凭证，列明收款单位名称、汇款金额及汇款的用途等项目，送达开户银行，委托银行将款项汇往收汇银行。收汇银行将汇款收进单位存款户后，向收款单位发出收款通知。

（七）委托收款

委托收款是收款人委托银行向付款人收取款项的结算方式。无论单位还是个人都可凭已承兑商业汇票、债券、存单等付款人债务证明办理同城或异地款项收取。委托收款还适用于收取电费、电话费等付款人众多且分散的公用事业费等有关款项。

委托收款结算款项划回的方式分为邮寄和电报两种。

企业委托开户银行收款时，应填写银行印制的委托收款凭证和有关的债务证明。在委托收款凭证中写明付款单位名称、收款单位名称、账号及开户银行，委托收款金额的大小写，款项内容，委托收款凭据名称及附寄单证张数等。企业的开户银行受理委托收款后，将委托收款凭证寄交付款单位开户银行，由付款单位开户银行审核，并通知付款单位。

付款单位收到银行交给的委托收款凭证及债务证明，应签收并在3天之内审查债务证明是否真实，是不是本单位的债务，确认之后通知银行付款。

付款单位应在收到委托收款通知的次日起3日内，主动通知银行是否付款。

如果不通知银行，银行视同企业同意付款并在第4日，从单位账户中付出此笔委托收款款项。

付款人在3日内审查有关债务证明后，认为债务证明或与此有关的事项符合拒绝付款的规定，应出具拒绝付款理由书和委托收款凭证第五联及持有的债务证明，向银行提出拒绝付款。

（八）托收承付

托收承付是根据购销合同由收款人发货后委托银行向异地付款人收取款项，由付款人向银行承认付款的结算方式。使用托收承付结算方式的收款单位和付款单位，必须是国有企业、供销合作社以及经营管理较好，并经开户银行审查同意的城乡集体所有制工业企业。办理托收承付结算的款项，必须是商品交易，以及因商品交易而产生的劳务供应的款项。代销、寄销、赊销商品的款项，不得办理托收承付结算。

托收承付款项划回方式分为邮寄和电报两种，由收款人根据需要选择使用；收款单位办理托收承付，必须具有商品发出的证件或其他证明。托收承付结算每笔的金额起点为10000元，新华书店系统每笔金额起点为1000元。

采用托收承付结算方式时，购销双方必须签有符合《经济合同法》的购销合同，并在合同上订明使用托收承付结算方式。销货企业按照购销合同发货后，填写托收承付凭证，盖章后连同发运证件（包括铁路、航运、公路等运输部门签发的运单、运单副本和邮局包裹回执）或其他符合托收承付结算的有关证明和交易单证送交开户银行办理托收手续。

销货企业开户银行接受委托后，将托收结算凭证回联退给企业，作为企业进行账务处理的依据，并将其他结算凭证寄往购货单位开户银行，由购货单位开户银行通知购货单位承认付款。

购货企业收到托收承付结算凭证和所附单据后，应立即审核是否符合订货合同的规定。按照《支付结算办法》的规定，承付货款分为验单付款与验货付款两种，这在双方签订合同时约定。验单付款是购货企业根据经济合同对银行转来的托收结算凭证、发票账单、托运单及代垫运杂费等单据进行审查无误后，即可承认付款。为了便于购货企业对凭证的审核和筹措资金，结算办法规定承付期为3天，从付款人开户银行发出承付通知的次日算起（承付期内遇法定休假日顺延）。购货企业在承付期内，未向银行表示拒绝付款，银行即视作承付，并在承付期满的次日（法定休假日顺延）上午银行开始营业时，将款项主动从付款人的账户内付出，按照销货企业指定的划款方式，划给销货企业。验货付款是购货企业待货物运达企业，对其进行检验与合同完全相符后才承认付款。为了满足购货企业组织验货的需要，结算办法规定承付期为10天，从运输部门向购货企业发出提货通知的次日算起。承付期内购货企业未表示拒绝付款的，银行视为同意承付，于10天期满的次日上午银行开始营业时，将款项划给收款人。为满足购货企业组织验货的需要，对收付双方在合同中明确规定，并在托收凭证上注明验货付款期限的，银行从其规定。

对于下列情况，付款人可以在承付期内向银行提出全部或部分拒绝付款：①没有签订购销合同或购销合同未订明托收承付结算方式的款项；②未经双方事先达成协议，收款人提前交货或因逾期交货付款人不再需要该项货物的款项；③未按合同规定的到货地址发货的款项；④代销、寄销、赊销商品的款项；⑤验单付款，发现所列货物的品种、规格、数量、价格与合同规定不符。或货物已到，经查验货物与合同规定或发货清单不符的款项；⑥验货付款，经查验货物与合同规定或与发货清单不符的款项；⑦货款已经支付或计算错误的款项。

不属于上述情况的，购货企业不得提出拒付。

购货企业提出拒绝付款时，必须填写"拒绝付款理由书"，注明拒绝付款理由，涉及合同的应引证合同上的有关条款。属于商品质量问题，需要提出质量问题的证明；属于外贸部门进口商品，应当提出国家商品检验或运输等部门出具的证明，向开户银行办理拒付手续。

银行同意部分或全部拒绝付款的，应在拒绝付款理由书上签注意见，并将拒绝付款理由书、拒付证明、拒付商品清单和有关单证邮寄收款人开户银行转交销货企业。

付款人开户银行对付款人逾期支付的款项，根据逾期付款金额和逾期天数，按每天万分之五计算逾期付款赔偿金。逾期付款天数从承付期满日算起。银行审查拒绝付款期间不算作付款人逾期付款，但对无理的拒绝付款而增加银行审查时间的，从承付期满日起计算逾期付款赔偿金。赔偿金实行定期扣付，每月计算一次，于次月3日内单独划给收款人。赔偿金的扣付列为企业销货收入扣款顺序的首位。付款人账户余额不足支付时，应排列在工资之前，并对该账户采取"只收不付"的控制办法，直至足额扣付赔偿金后才准予办理其他款项的支付，由此产生的经济后果由付款人自负。

（九）信用证

信用证结算方式是国际结算的一种主要方式。经中国人民银行批准经营结算业务的商业银行总行以及经商业银行总行批准开办信用证结算业务的分支机构，也可以办理国内企业之间商品交易的信用证结算业务。

采用信用证结算方式的，收款单位收到信用证后即备货装运，签发有关发票账单，连同运输单据和信用证，送交银行，根据退还的信用证等有关凭证编制收款凭证；付款单位在接到开证行的通知时，根据付款的有关单据编制付款凭证。

企业通过银行办理支付结算时应当认真执行国家各项管理办法和结算制度。中国人民银行颁布的《支付结算办法》规定：

1.单位和个人办理结算，不准签发没有资金保证的票据或远期支票，套取银行信用；

2.不得签发、取得或转让没有真实交易和债权债务的票据，套取银行和他人的资金；

3.不准无理拒绝付款，任意占用他人资金；

4.不准违反规定开立和使用账户。

三、银行存款业务的会计处理

为正确核算银行存款，企业应按开户银行和其他金融机构、存款种类等，分别设置"银行存款日记账"，由出纳人员根据收付款凭证，按照业务的发生顺序逐笔登记，每日终了应结出余额。该账户借方反映由于销售、收回款项、现金送存银行等而增加的银行存款，贷方反映由于购货、支付款项、提现等而减少的银行存款；期末借方余额，反映企业实际存在银行或其他金融机构的款项。月末"银行存款日记账"账面余额应与"银行存款"总账余额核对相符。

有外币存款的企业，应分别为人民币和各种外币设置"银行存款日记账"进行明细核算。

"银行存款日记账"应定期与"银行对账单"核对。至少每月核对一次。月度终了，企业银行存款日记账账面余额与银行对账单余额之间如有差额，必须逐笔查明原因进行处理。并按月编制"银行存款余额调节表"调节相符。

企业应加强对银行存款的管理，并定期对银行存款进行检查。如果有确凿证据表明存在银行或其他金融机构的款项已经部分不能收回，或者全部不能收回，如吸收存款的单位已宣告破产，其破产财产不足以清偿的部分，或者全部不能清偿的，应当作为当期损失，记入"营业外支出"科目。

四、银行存款余额的调节

企业每月应将银行存款日记账余额与银行对账单余额进行核对，以检查企业银行存款记录的正确性。

（一）银行存款余额差异的原因

企业银行存款日记账余额与银行对账单余额往往不一致，造成差异的原因是多方面的，主要有：

1.银行或企业的某一方或双方漏记某一项或几项交易；

2.银行或企业的某一方或双方记账错误；

3.存在未达账项。

未达账项是指由于企业与银行取得凭证的时间不同，导致记账时间不一致发生的一方已取得结算凭证且登记入账，而另一方由于尚未取得结算凭证尚未入账的款项。未达账项一般有四种情况：

1.企业已收款入账而银行尚未入账的款项，即企业已收，银行未收。如企业销售产品收到支票，送存银行后即可根据银行盖章退回的"进账单"回单联登记银行存款的增加，但由于银行尚未办妥兑收手续而未入账。在这种情况下，若不考虑其他因素，则企业"银行日记账"余额要大于"银行对账单"余额。

2.企业已付款入账而银行尚未入账的款项，即企业已付，银行未付。如企业开出支票支付购料款，企业根据支票存根、发票等凭证登记银行存款的减少，而银行由于收款人尚未持票向银行兑取而未入账。在这种情况下，若不考虑其他因素，则企业"银行存款日记账"余额要小于"银行对账单"余额。

3.银行已收款入账而企业尚未入账的款项，即银行已收，企业未收。如银行已收妥企业托收的款项，已登记企业银行存款增加，企业由于尚未收到银行的收款通知而未入账，或已收到银行的收账通知但未及时入账。在这种情况下，若不考虑其他因素，则企业"银行存款日记账"余额小于"银行对账单"余额。

4.银行已付款入账而企业尚未入账的款项，即银行已付，企业未付。如银行代企业直接支付的各种费用，银行已作为企业存款的减少入账，但企业尚未接到凭证而未入账，或已收到凭证但尚未及时入账。在这种情况下，若不考虑其他因素，则企业"银行存款日记账"余额要大于"银行对账单"余额。

（二）银行存款余额调节表的编制

企业银行存款日记账余额与银行对账单余额的差异，可通过编制银行存款余额调节表进行调节，并通过核对调节后余额是否一致，进一步检查企业银行存款记录的正确性，保证账实相符。

银行存款余额调节表有两种格式：一种格式是以企业银行存款日记账余额（或银行对账单余额）为起点，加减调整项目，调整到银行对账单余额（或企业银行存款日记账余额）；另一种格式是分别以企业银行存款日记账余额和银行对账单余额为起点。加减各自的调整项目，分别得出两个调节后的余额。在会计实务中较多地采用了后一种格式。

如果调节后的银行存款日记账余额与银行对账单余额相符，一般表明双方记账正确（但也不排除存在差错的可能性，如两个差错刚好互相抵消，对余额没有影响）。如果调节后的余额还是有差异，则在已调整了全部未达账项情况下，表明记账有错误，应进一步查找并予以更正；否则，依然存在未调整的未达账项或记账错误。

（三）银行存款余额调节后的账务处理

对造成银行存款日记账与银行对账单余额差异的各项因素，应根据具体情况进行不同的处理。

1. 记账错误的处理

企业通过编制银行存款余额调节表发现的银行记账错误，应及时通知银行，予以更正；对于发现的自身记账错误，应根据错误类型采用划线更正法、红字更正法或补充登记法及时编制调整分录并登记入账。

2. 未达账项的处理

按照国际惯例，对于银行已入账，企业未入账的未达账项，应编制调整分录并登记入账。如上例中的未达账项，企业应做如下会计分录：

借：银行存款2300

　贷：应收账款2000

　　　财务费用300

借：财务费用58

　贷：银行存款58

这种做法的主要理由是：企业在月末不及时记录未达账项，可能会影响资产负债表对企业财务状况的恰当表达，使资产负债表上所表述的相关项目与银行存款余额将会同时不实。因此，企业应及时记录企业未记账的未达账项，以便公允地反映企业的财务状况。

我国现行会计实务对未达账项的处理与上述国际惯例完全不同。我国现行会计制度规定，对于未达账项不能以银行存款余额调节表作为原始凭证，据以调整银行存款账面记录。只有等到有关结算凭证到达企业时，才能据以进行相应的账务处理，且在下一月度应关注上月银行的未达账项是否及时入账。这一做法虽简化了会计核算，防止重复记账，但不利于财务状况的公允表达。因此，参照国际惯例，我国会计实务对未达账项的处理可做如下适当调整：

（1）月末不做账务处理，但对其中重大未达账项应在报表附注中加以披露；

（2）月末先将企业未记录的未达账项登记入账，下月初再将其转回，等收到有关凭证后再做正常处理。

第四节　其他货币资金

在企业的经营资金中，有些货币资金的存放地点和用途与库存现金和银行存款不同，如外埠存款、银行汇票存款、银行本票存款等，需要设置"其他货币资金"账户以集中反映这些资金，以示它与现金、银行存款的区别。在"其他货币资金"账户之下，可分设外埠存款、银行汇票存款、银行本票存款、信用卡存款、信用证保证金存款、存出投资款等明细账户。现分述如下：

一、外埠存款

外埠存款是指企业到外地进行临时或零星采购时，汇往采购地银行开立采购专户的款项。企业将款项委托当地银行汇往采购地开立专户时，记入"其他货币资金"，收到采购员交来供应单位发票账单等报销凭证时，贷记本科目。将多余的外埠存款转回当地银行时，根据银行的收账通知，借记"银行存款"，贷记"其他货币资金"

二、银行汇票存款

银行汇票存款是指企业为取得银行汇票按规定存入银行的款项。企业在填送"银行汇票申请书"并将款项交存银行，取得银行汇票后，根据银行盖章退回的申请书存根联，借记本科目；企业使用银行汇票后，根据发票账单等有关凭证，贷记本科目；如有多余款或因汇票超过付款期等原因而退回款项，根据开户银行转来的银行汇票第四联（多余款收账通知）载明的金额，贷记本科目。

三、银行本票存款

银行本票存款是指企业为取得银行本票按规定存入银行的款项。企业向银行提交"银行本票申请书"并将款项交存银行，取得银行本票后，根据银行盖章退回的申请书存根联，借记本科目；企业使用银行本票后根据发票账单等有关凭证，贷记本科目；因本票超过付款期等原因而要求退款时，应当填制一式两联的进账单，连同本票一并送交银行，根据银行盖章退回的进账单第一联，贷记本科目。

四、信用卡存款

信用卡存款是指企业为取得信用卡按照规定存入银行的款项。企业应按照规定填制申请表，连同支票和有关资料一并送交发卡银行，根据银行盖章退回的进账单第一联，借记本科目；企业使用信用卡购物或支付有关费用，贷记本科目；企业信用卡在使用过程中需要向其账户续存资金的，其处理同申请时的处理。

五、信用证保证金存款

信用证保证金存款是指企业为取得信用证按规定存入银行的保证金。企业向银行申请开立信用证，应按规定向银行提交开证申请书、信用证申请人承诺书和购销合同。企业向银行交纳保证金，根据银行盖章退回的进账单第一联，借记本科目；根据开证行交来的信用证来单通知书及有关单据列明的金额贷记本科目。

六、存出投资款

存出投资款是指企业已存入证券公司但尚未进行短期投资的现金。企业向证券公司划出资金时，按实际划出的金额借记本科目；购买股票、债券时，按实际发生的金额，贷记本科目。

第三章　财务会计固定资产管理分析

第一节　固定资产概述

一、固定资产的概念及特征

固定资产是指使用期限较长、单位价值较高，并且在使用过程中保持原有实物形态的资产。固定资产具有以下基本特征：①预计使用年限超过一年或长于一年的一个经营周期，且在使用过程中保持原来的物质形态不变；②用于生产经营活动而不是为了出售；③价值补偿与实物更新相分离。在固定资产的使用过程中，其价值通过折旧逐渐转移出去，但其物质实体却通常并不同时减损，只有在其不能或不宜继续使用时，才对其进行更新处置。

《国际会计准则第16号——不动产、厂场和设备》对固定资产做出定义：固定资产指符合下列各项规定的有形资产：①企业所有的用于生产或供应产品和劳务的有形资产，包括为了出租给他人，或为了管理上使用的，还包括为了维修这些资产而持有的其他项目；②为可连续使用而购置或建造的；③不打算在正常营业过程中出售的。对符合上述标准的资产的租用权，在某些情况下也可以作为固定资产处理。

新修订的《国际会计准则第16号》对固定资产的定义是：固定资产，指具有下列特征的有形资产：①预计用于生产、提供商品或劳务、出租或为了行政管理目的而拥有的；②预计使用期限超过一个会计期间。

我国的《企业会计准则——固定资产》对固定资产做出定义：固定资产是指同时具有以下特征的有形资产：①为生产商品、提供劳务、出租或经营管理而持有的；②使用年限超过一年；③单位价值较高。

企业中固定资产的判定标准通常有两项：①使用期限在一年以上；②单位价

值在一定标准以上。我国企业会计制度规定：固定资产是指使用期限超过一年的房屋、建筑物、机器、机械、运输工具以及其他与生产、经营有关的设备、器具、工具等。不属于生产、经营主要设备的物品，单位价值在2000元以上，并且使用期限超过2年的，也应当作为固定资产。企业应当根据企业会计制度及有关规定，结合本单位的具体情况，如经营规模、业务范围的不同，制定适合于本企业的固定资产目录、分类方法、每类或每项固定资产的折旧年限、折旧方法，作为进行固定资产核算的依据。企业制定的固定资产目录、分类方法、每类或每项固定资产的预计使用年限、预计净残值、折旧方法等，应当编制成册，并按照管理权限，经股东大会或董事会，或经理（厂长）会议或类似机构批准，按照法律、行政法规的规定报送有关各方备案，同时备置于企业所在地，以供投资者等有关各方查阅。

我国《企业会计准则——固定资产》规定：固定资产在同时满足以下两个条件时，才能加以确认：①该固定资产包含的经济利益很可能流入企业；②该固定资产的成本能够可靠地计量。企业在对固定资产进行确认时，应当按照固定资产的定义和确认条件，考虑企业的具体情形加以判断。企业的环保设备和安全设备等资产，虽然不能直接为企业带来经济利益，却有助于企业从相关资产获得经济利益，也应当确认为固定资产，但这类资产与相关资产的账面价值之和不能超过这两类资产可收回金额总额。固定资产的各组成部分，如果各自具有不同的使用寿命或者以不同的方式为企业提供经济利益，从而适用不同的折旧率或折旧方法的，应当单独确认为固定资产。

二、固定资产的分类

企业的固定资产种类繁多，用途各异，在经营活动中起着不同的作用。对固定资产进行合理的分类，有利于加强对固定资产的管理，并提高其使用效率；有利于正确核算固定资产的价值，合理计算折旧及相关费用。

（一）按经济用途分类

生产经营用固定资产，指直接参与企业生产过程或直接为生产服务的固定资产，如机器、厂房、设备、工具、器具等。

非生产经营用固定资产，指不直接在生产中使用的固定资产，如食堂、宿舍、文教卫生等职工福利方面的建筑物、设备等。

按经济用途分类有利于反映和监督企业各类固定资产之间的组成和变化情况，便于考核固定资产的利用现状；更合理地进行固定资产的配备，充分发挥其效用。

（二）按所有权分类

自有固定资产：企业对该类固定资产享有占有权、处置权，可供长期使用，是企业全部资产的重要构成部分。

租入固定资产：企业通过支付租金取得使用权的固定资产，其租入方式又分为经营性租入和融资性租入两类。经营性租入的固定资产一般在备查簿中登记，而融资租入的固定资产应作为资产入账，在日常使用中为与自有资产相区别，需单独设立明细账进行核算。

（三）按使用情况分类

1. 使用中的固定资产，指处于使用过程中的经营性和非经营性固定资产，包括在使用或因季节性生产和修理等原因暂时停止使用的固定资产，以及供替换使用的机器设备等。

2. 未使用固定资产，指尚未使用的新增固定资产，调入尚待安装的固定资产，进行改建、扩建的固定资产以及批准停止使用的固定资产。

3. 不需用固定资产，指不适用于本企业，准备处理的固定资产。

4. 租出固定资产，指企业以收取租金的方式租给外单位使用的固定资产。租出固定资产也属于使用中的固定资产。

（四）按固定资产的经济用途和使用情况综合分类

1. 生产经营用固定资产。

2. 非生产经营用固定资产。

3. 出租固定资产，指在经营性租赁方式下租给外单位使用的固定资产。

4. 不需用固定资产。

5. 未使用固定资产。

6. 土地，是指过去已经估价单独入账的土地。因征地而支付的补偿费，应计入与土地有关的房屋、建筑物的价值内，不单独作为土地价值入账。企业取得的土地使用权不能作为固定资产管理。

7. 融资租入固定资产，指企业以融资租赁方式租入的固定资产，在租赁期内，应视同自有固定资产进行管理。

不同企业应根据实际需要选择适合本单位的分类标准，对固定资产进行分类，制定固定资产目录。

三、固定资产的计价

（一）固定资产的计价方法

1. 按原始价值计价

按原始价值计价又称按历史成本计价，是指按购建某项固定资产达到可使用状态前所发生的一切合理必要的支出作为入账价值。由于这种计价方法有相应的凭证为依据，具有客观性和可验证性的特点，因此成为固定资产的基本计价标准。当然，这种方法具有不可避免的缺点，当会计环境尤其是通货膨胀率和资本成本率较大时，这种方法无法真实反映资产的价值。正因为如此，有人主张以现时重置成本来代替历史成本作为固定资产的计价依据。但是，由于现时重置成本也是经常变化的，具体操作也相当复杂，因此，我国会计制度仍然采用历史成本来对固定资产进行计价。

2.按重量价值计价

按重量价值计价又称按重量完全价值计价，按现时重置成本计价，即按现有的生产能力、技术标准，重新购置同样的固定资产所需要付出的代价作为资产的入账价值。

3.按折余价值计价

按折余价值计价是指按固定资产原始价值或重置完全价值减去已计提折旧后的净额作为入账价值。它可以反映企业占用在固定资产上的资金数量和固定资产的新旧程度。

（二）固定资产价值的构成

固定资产在取得时，应按取得时的成本入账。取得时的成本包括买价、进口关税、运输和保险等相关费用，以及为使固定资产达到预定可使用状态前所必要的支出。《国际会计准则第16号——不动产、厂场和设备》规定：固定资产项目的成本包括其买价、进口关税和不能返还的购货税款以及为使这项资产达到预定使用状态所需要支付的直接可归属成本。计算买价时，应扣除一切商业折扣和回扣。直接可归属成本的项目有以下各项：①场地整理费；②初始运输和装卸费；③安装费用；④专业人员（如建筑师、工程师）服务费；⑤估计资产拆卸搬移费及场地清理费，这些费用的确认应以《国际会计准则第23号——准备、或有负债和或有资产》所确认的准备为限。

固定资产取得时的成本应当根据具体情况分别确定：

1.购入的不需要经过建造过程即可使用的固定资产，按实际支付的买价、包装费、运输费、安装成本、交纳的有关税金等，作为入账价值。从国外进口的固定资产，其原始成本还应包括按规定支付的关税等。

外商投资企业因采购国产设备而收到税务机关退还的增值税款，冲减固定资产的入账价值。

2.自行建造的固定资产，按建造该项资产达到预定可使用状态前所发生的全部支出，作为入账价值。包括资本化的借款费用。

3.投资者投入的固定资产，按投资各方确认的价值，作为入账价值。

4.融资租入的固定资产，按租赁开始日租赁资产的原账面价值与最低租赁付款额的现值两者中较低者,作为入账价值。融资租赁资产占企业资产总额比例等于或小于30%的,在租赁开始日,企业也可按最低租赁付款额,作为固定资产的入账价值。最低租赁付款额,是指在租赁期内,承租人应支付或可能要求支付的各种款项(不包括或有租金和履约成本),加上由承租人或与其有关的第三方担保的资产余值;若预计承租人将会在租赁期满以某价格购买此固定资产,则还包括该买价。

5.在原有固定资产的基础上改建、扩建的,按原固定资产的账面价值,加上由于改建、扩建而使该项资产达到预定可使用状态前发生的支出,减去改建、扩建过程中发生的变价收入,作为入账价值。

6.企业接受的债务人以非现金资产抵偿债务方式取得的固定资产,或以应收债权换入固定资产的,按应收债权的账面价值加上应支付的相关税费,作为入账价值。涉及补价的,按以下规定确定受让的固定资产的入账价值:

(1)收到补价的,按应收债权的账面价值减去补价,加上应支付的相关税费,作为入账价值。

(2)支付补价的,按应收债权的账面价值加上支付的补价和应支付的相关税费,作为入账价值。

7.以非货币性交易换入的固定资产,按换出资产的账面价值加上应支付的相关税费,作为入账价值。涉及补价的,按以下规定确定换入固定资产的入账价值:

(1)收到补价的,按换出资产的账面价值加上应确认的收益和应支付的相关税费减去补价后的余额,作为入账价值;

应确认的收益=补价×(换出资产的公允价值-换出资产的账面价值)÷换出资产的公允价值

(2)支付补价的,按换出资产的账面价值加上应支付的相关税费和补价,作为入账价值。

8.接受捐赠的固定资产,应按以下规定确定其入账价值:

(1)捐赠方提供了有关凭据的,按凭据上标明的金额加上应支付的相关税费,作为入账价值。

(2)捐赠方没有提供有关凭据的,按如下顺序确定其入账价值:同类或类似固定资产存在活跃市场的,按同类或类似固定资产的市场价格估计的金额,加上应支付的相关税费,作为入账价值;同类或类似固定资产不存在活跃市场的,按该接受捐赠的固定资产的预计未来现金流量现值,作为入账价值。

(3)如受赠的系旧的固定资产,按照上述方法确定的价值,减去按该项资产的新旧程度估计的价值损耗后的余额,作为入账价值。

9.盘盈的固定资产,按同类或类似固定资产的市场价格,减去按该项资产的新旧程度估计的价值损耗后的余额,作为入账价值。

10.经批准无偿调入的固定资产，按调出单位的账面价值加上发生的运输费、安装费等相关费用，作为入账价值。

此外，还要注意以下四点：

（1）固定资产的入账价值中，应当包括企业为取得固定资产而缴纳的契税、耕地占用税、车辆购置税等相关税费；

（2）企业为购进固定资产所支付的增值税不能作为进项税额予以抵扣，应将所支付的增值税额计入所购进固定资产的成本之中；

（3）企业购置计算机硬件所附带的、未单独计价的软件，与所购置的计算机硬件一并作为固定资产管理；

（4）已达到预定可使用状态但尚未办理竣工决算手续的固定资产，可先按估计价值记账，待确定实际价值后，再进行调整。

（三）有关固定资产计价的两个问题

1.关于固定资产借款费用的处理

专为购建固定资产而借入的款项所发生的借款费用（包括利息、折价或溢价的摊销和辅助费用以及因外币借款而发生的汇兑差额）是否应计入固定资产成本，是固定资产计价的重要问题。《企业会计准则——借款费用》做了如下规定：

（1）以下三个条件同时具备时，因专门借款而发生的利息折价或溢价的摊销和汇兑差额应当开始资本化：①资本支出已经发生；②借款费用已经发生；③为使资产达到预定可使用状态所必要的构建活动已经开始。资产支出只包括购建固定资产而以支付现金、转移非现金资产或者承担带息债务形式发生的支出。

（2）如果固定资产的购建活动发生正常中断，并且中断时间连续超过3个月，应当暂停借款费用的资本化，将其确认为当期费用，直至资产的购建活动重新开始。但如果中断是使购建的固定资产达到预定可使用状态所必要的程序，则借款费用的资本化应当继续进行。

（3）当所购建固定资产达到预定可使用状态时，应当停止其借款费用的资本化；以后发生的借款费用应当于发生当期确认为费用。

2.关于固定资产价值的调整

固定资产的价值确定并入账以后，一般不得进行调整，但是在一些特殊情况下对已入账的固定资产的价值也可进行调整。这些情况包括：

（1）根据国家规定对固定资产价值重新估价；

（2）增加补充设备或改良装置；

（3）将固定资产的一部分拆除；

（4）根据实际价值调整原来的暂估价值；

（5）发现原记固定资产价值有错误。

第二节　固定资产的取得

企业拥有固定资产规模的大小和质量高低，直接影响其生产能力及盈利能力。固定资产所占用的资金在企业总资金中占有的比例较大，且周转期长，合理有效地控制固定资产占用的资金对整个企业资金的周转、使用具有重要意义。企业对固定资产的需求量，取决于现有的生产规模、生产能力、企业产品在市场上的竞争能力和现代化程度等因素，特别是直接参与生产的机器设备，更应随生产任务、使用效率等的变化而做相应的调整。所以，企业是否要新增固定资产，采用何种方式增加，应权衡投资效益再做选择，以确保固定资产发挥最佳的效用。企业一旦决定增加固定资产投资，就面临选择何种投资方法的问题。

固定资产增加的方式多种多样，主要有购入、自建自制、接受投资、无偿调入、接受捐赠、融资租入、接受抵债、非货币性交易换入、盘盈、改建扩建等方式。

为核算企业的固定资产，设置"固定资产"账户，该账户反映企业固定资产的原价。其借方发生额，反映企业增加的固定资产的原价；其贷方发生额，反映企业减少的固定资产的原价；期末借方余额，反映企业期末固定资产的账面原价。企业应当设置"固定资产登记簿"和"固定资产卡片"，按固定资产类别、使用部门和每项固定资产进行明细核算。临时租入的固定资产，应当另设备查簿进行登记，不在本科目核算。

一、购入固定资产

购入不需要安装的固定资产，借记"固定资产"，按实际支付（含应支付，下同）的价款，贷记"银行存款"等；购入需要安装的固定资产，先记入"在建工程"，安装完毕交付使用时再转入"固定资产"科目。

二、投资者投入固定资产

企业对接受投资者作价投入的固定资产，按投资各方确认的价值，借记"固定资产"科目；按投资方拥有被投资方的股权，贷记"实收资本"科目；按其差额，贷记"资本公积"科目。

三、无偿调入固定资产

企业按照有关规定并报经有关部门批准无偿调入的固定资产，按调出单位的账面价值加上新的安装成本、包装费、运杂费等，作为调入固定资产的入账价值。企业调入需要安装的固定资产，按调入固定资产的原账面价值以及发生的包装费、运杂费等，借记"在建工程"等科目；按调入固定资产的原账面价值，贷记"资本公积——无偿调入固定资产"科目；按所发生的支出，贷记"银行存款"等科目；发生的安装费用，借记"在建工程"等科目，贷记"银行存款""应付工资"等科目。工程达到可使用状态时，按工程的实际成本，借记"固定资产"科目，贷记"在建工程"科目。

四、接受捐赠固定资产

接受捐赠的固定资产，按确定的入账价值，借记"固定资产"科目；按未来应交的所得税，贷记"递延税款"科目；按确定的入账价值减去未来应交所得税后的余额，贷记"资本公积"科目；按应支付的相关税费，贷记"银行存款"等科目。

外商投资企业接受捐赠的固定资产，按确定的入账价值，借记"固定资产"科目；按应计入待转资产价值的金额，贷记"待转资产价值"科目；按应支付的相关税费，贷记"银行存款"等科目。

五、租入固定资产

企业在生产经营过程中，由于生产经营的临时性或季节性需要，或出于融资等方面的考虑，对于生产经营所需的固定资产可以采用租赁的方式取得。租赁按其性质和形式的不同可分为经营租赁和融资租赁两种。融资租赁，是指实质上转移与资产所有权有关的全部风险和报酬的租赁。经营租赁，是指融资租赁以外的租赁。

（一）以经营租赁方式租入

采用经营租赁方式租入的资产，主要是为了解决生产经营的季节性、临时性的需要，并不是长期拥有，租赁期限相对较短；资产的所有权与租赁资产相关的风险和报酬仍归属出租方，企业只是在租赁期内拥有资产的使用权；租赁期满，企业将资产退还给出租方。

企业对以经营租赁方式租入的固定资产，不作为本企业的资产入账，当然也无须计提折旧。

（二）融资租入

融资租入的固定资产，应当单设明细科目进行核算。企业应在租赁开始日，按租赁开始日租赁资产的原账面价值与最低租赁付款额的现值两者中较低者作为入账价值，借记"固定资产"科目；按最低租赁付款额，贷记"长期应付款——应付融资租赁款"科目；按其差额，借记"未确认融资费用"科目。租赁期满，如合同规定将设备所有权转归承租企业，应进行转账，将固定资产从"融资租入固定资产"明细科目转入有关明细科目。

六、接受抵债固定资产

企业接受的债务人以非现金资产抵偿债务方式取得的固定资产，或以应收债权换入固定资产的，按应收债权的账面余额，贷记"应收账款"等科目，按该项应收债权已计提的坏账准备，借记"坏账准备"科目，按应支付的相关税费，贷记"银行存款""应交税金"等科目，按下式计算的固定资产入账价值，借记"固定资产"科目：

收到补价的，固定资产入账价值=应收债权的账面价值+应支付的相关税费－补价

支付补价的，固定资产入账价值=应收债权的账面价值+应支付的相关税费+补价

按收到（或支付）的补价，借记（或贷记）"银行存款"等科目。

第三节 固定资产的自建与自制

自建、自制固定资产，是指企业自己建造房屋、其他建筑物及各种机器设备等。当企业有能力建造，或者当某项资产的建造成本明显低于其外构成本时，企业往往会选择自己施工筹建的方式取得该资产，以减少相应的费用开支，如自行建造房屋、自制特殊需要的车床等。自行建造固定资产按是否由本企业组织施工人员施工，分为自营工程和出包工程；前者由本企业组织施工人员进行施工，而后者则是将工程项目发包给建造商，由建造商组织施工。

一、自营工程

（一）自行建造固定资产入账价值的确定

企业自行建造的固定资产（亦称在建工程），应按建造过程中所发生的全部支出确定其价值，包括所消耗的材料、人工、其他费用和缴纳的有关税金等，作为入账价值。设备安装工程，应把设备的价值包括在内。

工程达到预定可使用状态前因进行试运转所发生的净支出，计入工程成本。企业的在建工程项目在达到预定可使用状态前所取得的试运转过程中形成的能够对外销售的产品，其发生的成本，计入在建工程成本，销售或转为库存商品时，按实际销售收入或按预计售价冲减工程成本。

盘盈、盘亏、报废、毁损的工程物资，减去保险公司过失人赔偿部分后的差额，工程项目尚未完工的，计入或冲减所建工程项目的成本；工程已经完工的，

计入当期营业外收支。在建工程发生单项或单位工程报废或毁损，减去残料价值和过失人或保险公司等赔款后的净损失，计入继续施工的工程成本；如为非常原因造成的报废或毁损，或在建工程项目全部报废或毁损，应将净损失直接计入当期营业外支出。

企业应当定期或者至少于每年年度终了，对在建工程进行全面检查，如果有证据表明在建工程已经发生了减值，应当计提减值准备。存在下列一项或若干项情况的，应当计提在建工程减值准备：①长期停建并且预计在未来3年内不会重新开工的在建工程；②所建项目无论在性能上，还是在技术上已经落后，并且给企业带来的经济利益具有很大的不确定性；③其他足以证明在建工程已经发生减值的情形。

所建造的固定资产已达到预定可使用状态，但尚未办理竣工决算的，应当自达到预定可使用状态之日起，根据工程预算造价或者工程实际成本等，按估计的价值转入固定资产，并按本制度关于计提固定资产折旧的规定，计提固定资产的折旧。待办理了竣工决算手续后再做调整。

（二）会计处理

为了对企业自行建造固定资产进行全面准确的核算，设置"工程物资""在建工程""在建工程减值准备"账户。

1. 工程物资

企业为在建工程准备的各种物资，应当按照实际支付的买价、增值税额、运输费、保险费等相关费用，作为实际成本，并按照各种专项物资的种类进行明细核算。企业的工程物资，包括为工程准备的材料、尚未交付安装的需要安装设备的实际成本，以及预付大型设备款和基本建设期间根据项目概算购入为生产准备的工具及器具等的实际成本。企业购入不需要安装的设备，应当在"固定资产"科目核算，不在本科目核算。

本科目应当设置以下明细科目：①专用材料；②专用设备；③预付大型设备款；④为生产准备的工具及器具。

企业购入为工程准备的物资，应按实际成本和专用发票上注明的增值税额，借记本科目（专用材料、专用设备），贷记"银行存款""应付账款""应付票据"等。企业为购置大型设备而预付款时，借记本科目（预付大型设备款），贷记"银行存款"；收到设备并补付设备价款时，按设备的实际成本，借记本科目（专用设备），按预付的价款，贷记本科目（预付大型设备款），按补付的价款，贷记"银行存款"等。工程领用工程物资，借记"在建工程"，贷记本科目（专用材料等）；工程完工后对领出的剩余工程物资应当办理退库手续，并做相反的账务处理。工程完工，将为生产准备的工具及器具交付生产使用时，应按实际成本，借记"低值易耗品",贷记本科目(为生产准备的工具及器具)。工程完工后剩余的工程物资,如转作本企业存货的,按原材料的实际成本或计划成本,借记"原材料",按可抵扣的增值税进项税额,借记"应交税金——应交增值税(进项税额)",按转入存货的剩余工程物资的账面余额,贷记本科目;如工程完工后剩余的工程物资对外出售的,应先结转工程物资的进项税额,借记"应交税金——应交增值税(进项税额)",贷记本科目,出售时,应确认收入并结转相应的成本。

2.在建工程

本科目核算企业进行基建工程、安装工程、技术改造工程、大修理工程等发生的实际支出,包括需要安装设备的价值。企业根据项目概算购入不需要安装的固定资产、为生产准备的工具器具、购入的无形资产及发生的不属于工程支出的其他费用等,不在本科目核算。本科目的期末借方余额,反映企业尚未完工的基建工程发生的各项实际支出。

本科目应当设置以下明细科目:①建筑工程;②安装工程;③在安装设备;④技术改造工程;⑤大修理工程;⑥其他支出。

企业自营的基建工程,领用工程用材料物资时,应按实际成本,借记本科目(建筑工程、安装工程等——××工程),贷记"工程物资";基建工程领用本企业原材料的,应按原材料的实际成本加上不能抵扣的增值税进项税额,借记本科目(建筑工程、安装工程等——××工程),按原材料的实际成本或计划成本,贷记"原材料",按不能抵扣的增值税进项税额,贷记"应交税金——应交增值税(进项税额转出)"。采用计划成本进行材料日常核算的企业,还应当分摊材料成本差异。基建工程领用本企业的商品产品时,按商品产品的实际成本(或进价)或计划成本(或售价)加上应交的相关税费,借记本科目(建筑工程、安装工程——××工程),按应交的相关税费,贷记"应交税金——应交增值税(销项税额)"等,按库存商品的实际成本(或进价)或计划成本(或售价),贷记"库存商品"。库存商品采用计划成本或售价的企业,还应当分摊成本差异或商品进销差价。基建工程应负担的职工工资,借记本科目(建筑工程、安装工程——××工程),贷记"应付工资"。企业的辅助生产部门为工程提供的水、电、设备安装、修理、运输等劳务,应按月根据实际成本,借记本科目(建筑工程、安装工程等——××工程),贷记"生产成本——辅助生产成本"等。

基建工程发生的工程管理费、征地费、可行性研究费、临时设施费、公证费、监理费等,借记本科目(其他支出),贷记"银行存款"等;基建工程应负担的税金,借记本科目(其他支出),贷记"银行存款"等。

由于自然灾害等原因造成的单项工程或单位工程报废或毁损,减去残料价值和过失人或保险公司等赔款后的净损失,报经批准后计入继续施工的工程成本,借记本科目(其他支出)科目,贷记本科目(建筑工程、安装工程等——××工程）；如为非正常原因造成的报废或毁损，或在建工程项目全部报废或毁损，应将其净损失直接计入当期营业外支出。工程物资在建设期间发生的盘亏、报废及毁损，其处置损失，报经批准后，借记本科目，贷记"工程物资"；盘盈的工程物资或处置收益，做相反的账务处理。

基建工程达到预定可使用状态前进行负荷联合试车发生的费用，借记本科目（其他支出），贷记"银行存款""库存商品"等；获得的试车收入或按预计售价将能对外销售的产品转为库存商品的，做相反账务处理。

基建工程完工后应当进行清理，已领出的剩余材料应当办理退库手续，借记"工程物资"，贷记本科目。

基建工程完工交付使用时，企业应当计算各项交付使用固定资产的成本，编制交付使用固定资产明细表。

企业应当设置"在建工程其他支出备查簿"，专门登记基建项目发生的构成项目概算内容但不通过"在建工程"科目核算的其他支出，包括按照建设项目概算内容购置的不需要安装设备、现成房屋、无形资产以及发生的递延费用等。企业在发生上述支出时，应当通过"固定资产""无形资产"和"长期待摊费用"科目核算。但同时应在"在建工程——其他支出备查簿"中进行登记。

3.在建工程减值准备

为核算企业的在建工程减值准备，设置"在建工程减值准备"科目。企业发生在建工程减值时，借记"营业外支出——计提的在建工程减值准备"，贷记本科目；如已计提减值准备的在建工程价值又得以恢复，应在原已提减值准备的范围内转回，借记本科目，贷记"营业外支出——计提的在建工程减值准备"。本科目期末贷方余额，反映企业已提取的在建工程减值准备。

二、出包工程

企业采用出包方式进行的自制、自建固定资产工程，"在建工程"账户实际上成为企业与承包单位的结算账户，企业将与承包单位结算的工程价款作为工程成本，通过"在建工程"账户进行核算。

企业发包的基建工程，应于按合同规定向承包企业预付工程款、备料款时，按实际支付的价款，借记"在建工程"科目（建筑工程、安装工程等——××工程），贷记"银行存款"科目；以拨付给承包企业的材料抵作预付备料款的，应按工程物资的实际成本，借记"在建工程"科目（建筑工程、安装工程等——××工程），贷记"工程物资"科目；将需要安装设备交付承包企业进行安装时，应按设备的成本，借记"在建工程"科目（在安装设备），贷记"工程物资"科目；与承包企业办理工程价款结算时，补付的工程款，借记"在建工程"科目（建筑工程、安装工程等——××工程），贷记"银行存款"等科目。

第四节　固定资产的折旧

固定资产折旧，是指固定资产在使用过程中，逐渐损耗而消失的那部分价值。固定资产损耗的这部分价值，应当在固定资产的有效使用年限内进行分摊，形成折旧费用，计入各期成本。

一、折旧的性质及计提范围

（一）折旧的性质

固定资产在长期使用过程中，实物形态保持不变，但因使用、磨损及陈旧等原因会发生各种有形和无形的损耗。有形损耗对使用中的固定资产而言，产生于物质磨损；不使用的固定资产也可能发生损耗，如自然气候条件的侵蚀及意外毁损造成的损耗。无形损耗是因技术进步、市场变化、企业规模改变等原因引起的。有的资产因陈旧、不适应大规模生产发展的需要，而导致在其耐用年限届满前退废。

固定资产的服务能力随着时间的推移逐步消逝，其价值也随之发生损耗，企业应用系统合理的方法，将其损耗分摊到各经营期，记作每期的费用，并与当期营业收入相配比。固定资产的成本随着逐期分摊，转移到它所生产的产品或提供的劳务中去，这个过程即为计提折旧，每期分摊的成本称为折旧费用。

企业应当根据固定资产的性质和消耗方式，合理地确定固定资产的预计使用年限和预计净残值，并根据科技发展、环境及其他因素，选择合理的固定资产折旧方法，按照管理权限，经股东大会或董事会，或经理（厂长）会议或类似机构批准，作为计提折旧的依据。按照法律、行政法规的规定报送有关各方备案，并备置于企业所在地，以供投资者等有关各方查阅。企业已经确定并报送，或备置于企业所在地的有关固定资产预计使用年限和预计净残值、折旧方法等，一经确定不得随意变更；如需变更，仍然应当按照上述程序，经批准后报送有关各方备案，并在会计报表附注中予以说明。

《国际会计准则第16号——不动产、厂场和设备》规定：固定资产项目的应折旧金额应当在其使用寿命内系统地摊销，所使用的折旧方法应能反映企业消耗该资产所含经济利益的方式。每期的折旧额应确认为费用，除非将其计入另一项资产的账面金额。

我国《企业会计准则——固定资产》规定：折旧是指在固定资产的使用寿命内，按照确定的方法对应计折旧额进行的系统分摊。其中，应计折旧额，是指应当计提折旧的固定资产的原价扣除其预计净残值后的余额；如果已对固定资产计提减值准备，还应当扣除已计提的固定资产减值准备累计金额。使用寿命，是指固定资产预期使用的期限。有些固定资产的使用寿命也可以用该资产所能生产的产品或提供的服务的数量来表示。

（二）折旧的范围

固定资产因使用会发生实物磨损，所以使用中的固定资产（如机器设备）均需计提折旧；考虑到无形损耗的原因，对一些未使用、不需用的固定资产，仍应计提折旧，房屋和建筑物不管是否使用均计提折旧；以融资租赁方式租入的固定资产，应当比自有固定资产进行会计处理，故亦要计提折旧。

具体来讲，企业的下列固定资产应当计提折旧：

1.房屋和建筑物；

2.在用的机器设备、仪器仪表、运输工具、工具器具；

3.季节性停用、大修理停用的固定资产；

4.融资租入和以经营租赁方式租出的固定资产。

下列固定资产不计提折旧：

1.房屋、建筑物以外的未使用、不需用固定资产；

2.以经营租赁方式租入的固定资产；

3.已提足折旧继续使用的固定资产；

4.按规定单独估价作为固定资产入账的土地。

已达到预定可使用状态的固定资产，尚未办理竣工决算的，应按估计价值暂估入账，并计提折旧；待办理了竣工决算手续后，再按照实际成本调整原来的暂估价值，同时调整原已计提的折旧额。

已提足折旧的固定资产，如可继续使用，不再计提折旧；提前报废的固定资产，未提足的折旧不再补提折旧。所谓提足折旧，是指已经提足该项固定资产应提的折旧总额。应提的折旧总额为固定资产原价减去预计残值加上预计清理费用。

我国《企业会计准则——固定资产》规定：除以下两种情况外，企业应对所有固定资产计提折旧：①已提足折旧继续使用的固定资产；②按规定单独估价作为固定资产入账的土地。

二、影响折旧的因素

固定资产折旧的计算，涉及固定资产原值、预计净残值、估计使用年限和折旧方法四个要素。

（一）固定资产原值

固定资产原值是固定资产取得时的实际成本，其价值的确定在第二节中已述。

（二）预计净残值

预计净残值指固定资产在报废时，预计残料变价收入扣除清算时清算费用后的净值，也称预计净残值。实物中常用固定资产原值的一定百分比估算。在计算折旧时，把固定资产原值减去估计残值后的余额称为折旧基数或折旧总额。

（三）估计使用年限

在估计时应同时考虑有形损耗和无形损耗，即实物的使用寿命和与经济效用等有关的技术寿命。在科学技术飞速发展的今天，技术密集型企业应更多地考虑无形损耗，合理估计使用年限。

《国际会计准则第16号——不动产、厂场和设备》规定：固定资产项目的使用寿命应定期地进行复核，如果预期数与原先的估计数相差很大，则应对本期和将来各期的折旧金额进行调整。

我国《企业会计准则——固定资产》规定：企业在确定固定资产的使用寿命时，主要应当考虑下列因素：①该资产的预计生产能力或实物产量；②该资产的有形损耗，如设备使用中发生磨损、房屋建筑物受到自然侵蚀等；③该资产的无形损耗，如因新技术的出现而使现有的资产技术水平相对陈旧、市场需求变化使产品过时等；④有关资产使用的法律或者类似的限制。

我国《企业会计准则——固定资产》规定：企业应当根据固定资产的性质和使用情况，合理确定固定资产的使用寿命和预计净残值。除下述定期复核引起使用寿命改变外，固定资产的使用寿命、预计净残值一经选定，不得随意调整。企业应当定期对固定资产的使用寿命进行复核。如果固定资产使用寿命的预期数与原先的估计数有重大差异，则应当调整固定资产折旧年限。

（四）折旧方法

不同经营规模，不同性质的企业可根据各自的特点选择相应的折旧方法，比较合理地分摊固定资产的应计折旧总额，反映本单位固定资产的实际使用现状。企业一旦选定了某种折旧方法，应该在相当一段时间内保持不变，除非折旧方法的改变能够提供更可靠的会计信息。在特定会计期，折旧方法的变更应在报表附注中加以说明。

《国际会计准则第16号——不动产、厂场和设备》规定：应用于固定资产的折旧方法，应该定期地加以复核。如果资产经济利益的预期实现方式有重大改变，折旧方法也应相应地改变以反映这种方式的改变。如果这种折旧方法的改变是必要的，这种改变应作为会计估计变更进行会计处理，本期和未来期间的折旧金额应加以调整。

我国《企业会计准则——固定资产》规定：企业应当根据固定资产所含经济利益预期实现方式选择折旧方法，可选用的折旧方法包括年限平均法、工作量法、双倍余额递减法或者年数总和法。除下述定期复核引起折旧方法改变外，折旧方法一经选定，不得随意调整。企业应当定期对固定资产的折旧方法进行复核。如果固定资产包含的经济利益的预期实现方式有重大改变，则应当相应改变固定资产折旧方法。

计算折旧的四大要素中，除原始成本比较容易确定外，残值和使用年限为估计数，又受到折旧方法选择的影响，其计算结果难免不够精确。

三、折旧方法

固定资产的折旧方法有很多种，如直线法、加速折旧法等，我国会计制度规定，企业可以采用直线法计提折旧，在经有关部门批准的前提下，也可以采用加速折旧法。

（一）直线法

直线法，具体又有年限平均法和工作量法两种。

1.年限平均法

年限平均法是各种折旧方法中最简单的一种。固定资产折旧总额在使用年限内平均分摊，每期的折旧额相等。

计算公式表示如下：

年折旧额=（固定资产原值－预计净残值）÷估计使用年限

年折旧率=（1－预计净残值率）÷估计使用年限

其中，预计净残值率=预计净残值÷固定资产原值

月折旧率=年折旧率÷12

月折旧额=固定资产原值×月折旧率

我国固定资产折旧一般采用年限平均法，这种方法最大的优点是计算简便。但是，它只考虑固定资产的估计使用时间，而忽略了实际使用的现状。固定资产使用早期，其工作效率相对较高，发生的维修保养费少；后期固定资产工作效率相对较低，发生的维修保养费逐步增加。在整个使用期内，各期费用总额分布均匀，呈递增趋势，而固定资产工作效率呈递减趋势。在其他因素不变的情况下，利润逐年递减。采用年限平均法，不能反映资产的实际使用情况，从而影响到决策者对财务信息的分析判断。

2.工作量法

工作量法是将固定资产的总折旧额按其估计工作总量（如总生产量、总工作小时等）平均分摊，以求得单位工作量应负担折旧额。

采用年限平均法尽管在实际操作中比较简单，但由于无形损耗的存在，固定资产可能在估计使用年限届满前甚至早期即遭淘汰，导致大部分成本无法通过折

旧收回，企业将面临一定的损失。

（二）加速折旧法

加速折旧法是在固定资产使用早期多提折旧，在使用后期少提折旧的一种方法。这种处理的理论依据是，固定资产在使用早期，提供的服务多，为企业创造的效益高；后期随着实物磨损程度加剧，提供的服务量减少，而修理费用增加。如果在资产使用过程中折旧的计提逐年递减，可使固定资产在各年承担的总费用接近，利润平稳。这也弥补了年限平均法的局限。在加速折旧法下，由于早期计提了较多的折旧，即使固定资产提前报废，其成本于前期基本已收回，也不会造成过多损失。加速折旧法主要有双倍余额递减法和年限积数法两种。下面分述之。

1.双倍余额递减法

这一方法下，固定资产的折旧率为年限平均法折旧率的2倍，账面价值同样随着每期计提的折旧而减少。每期应计提的折旧计算为：

年折旧额=递减的账面价值×年折旧率=递减的账面价值×2÷折旧年限

其中，第一年的账面价值为固定资产的原始成本（不减估计残值）。值得注意的是，在固定资产使用的后期，如果期末账面价值扣除预计净残值后的余额，采用直线法在剩余年限内的计提的折旧额，比继续使用双倍余额递减法计提的折旧额大，从该会计期开始必须改用直线法。

2.年限积数法

年限积数法也称年数总和法，是将固定资产应计提的折旧总额按递减的折旧率计算每期的折旧额。

用公式可表示为：

年折旧额=（固定资产原值－估计残值）×递减的折旧率

折旧率为分数，分母是根据固定资产估计使用年限计算的积数，分子是固定资产尚可使用的年数，即从使用年限起依次递减的自然数。用公式表示为：

年折旧率=尚可使用年数÷预计使用年限的年数总和

=（预计使用年限－已使用年限）÷［预计使用年限宣传（预计使用年限+1）÷2］

企业一般是按月提取折旧。当月增加的固定资产，当月不提折旧；从下月起计提折旧；当月减少的固定资产，当月照提折旧，从下月起不提折旧。实际中常用的计算公式是：

固定资产月折旧额=上月计提的固定资产折旧额+上月增加固定资产应计提折旧额－上月减少固定资产应计提折旧额

为核算企业固定资产的累计折旧，设置"累计折旧"账户。本科目期末贷方余额，反映企业提取的固定资产折旧累计数。企业按月计提的固定资产折旧，借记"制造费用""营业费用""管理费用""其他业务支出"等科目，贷记"累计折旧"科目。

借：制造费用（生产用固定资产计提的折旧）

营业费用（销售等用固定资产计提的折旧）

管理费用（管理部门用固定资产计提的折旧）

其他业务支出（出租等用固定资产计提的折旧）

应付福利费（福利部门用固定资产计提的折旧）

外商投资企业采购的国产设备退还的增值税款，在设备达到预定可使用状态前收到的冲减设备的成本，借记"银行存款"科目，贷记"在建工程"等科目；如果采购的国产设备已达到预定可使用状态，应调整设备的账面原价和已提的折旧，借记"银行存款"科目，贷记"固定资产"科目；同时，冲减多提的折旧，借记"累计折旧"科目，贷记"制造费用""管理费用"等科目。如果采购的国产设备已达到预定可使用状态，但税务机关跨年度退还增值税，则应相应调整设备的账面原价和已提的折旧，借记"银行存款"科目，贷记"固定资产"科目；同时，冲减多提的折旧，借记"累计折旧"科目，贷记"以前年度损益调整"科目。

第五节　固定资产使用中的支出

固定资产在使用过程中会发生各种支出，如为了恢复、改进固定资产的性能发生的维修费、保养费支出，固定资产因改建、扩建、增建等原因增加的支出，为了发挥固定资产潜力增加的支出等。这些开支发生时，关键要区分支出的性质，即是资本性支出还是收益性支出，进而做出不同的账务处理。

一、影响固定资产数量方面的支出

固定资产因数量增加发生的支出，主要是用于增加企业固定资产实体及在原有基础上的扩建，如房屋加层、增设电子监控设备等。对新增的资产，因其受益期一般与估计使用年限相近，在一年以上，所以要把有关支出资本化。购建新固定资产时把全部支出列为固定资产的成本，账务处理参照第二节有关内容。扩建时，把所付出的代价全部计入原资产的成本，在扩建过程中如涉及拆除一部分旧设施，在会计处理上通常不减去拆除旧资产的成本，扩建成本先在"在建工程"账户中归集，完工后一次转入原"固定资产"账户。

二、影响固定资产质量方面的支出

(一) 换新

固定资产换新指调换原资产上陈旧或受损的项目，以恢复其应有的性能和生产能力，包括整个资产项目的换新和非经常性的大部件换新。换新后的资产并不提高质量或功能。由于换新项目大小不等，发生的费用在处理上也应有所区别。大型项目，非经常性大部件的更换，作为资本性支出处理，中小项目的换新，可视同经常性修理，作为收益性支出处理。

(二) 维修保养

为了使固定资产保持良好的使用状态，应进行日常的维护保养，如更换螺丝、弹簧，定期添加润滑剂等，这种支出费用较低，发生比较频繁，一般视为收益性支出，记为当期费用。

固定资产随着不断使用，实物磨损加剧，往往会发生局部的损坏，影响其使用效率。为恢复原有的性能，必须对固定资产定期或不定期地加以修理，使之处于正常运转状态。固定资产的修理，按范围的大小和间隔时间长短可分为大修理和中小修理两种。

大修理，是对固定资产进行局部更新，通常修理的范围大，间隔时间长，修理次数少，一次修理所花的费用较大。由于大修理费用发生不均匀，企业可采用预提或待摊的方法均衡成本。

中小修理，又称经常性修理，是为了维护和保持固定资产正常工作状态进行的修理工作，如更换零部件、排除故障等。其特点是修理范围小，间隔时间短，修理次数多，每次的修理费用少。一般将经常性修理作为收益性支出处理，在支出发生时计入当期费用。即按实际发生数额借记有关成本费用账户，贷记"银行存款"等科目。为了平衡各会计期的费用，或当中小修理费用较大时，也可采用摊销的方法。

值得注意的是，在实际操作上，中小修理、维护保养、换新等很难严格区分，企业应根据规模大小、资产的重要程度等实际情况区别对待。

(三) 改良和改善

改良和改善支出主要用于改进固定资产的质量和功能。改良支出较大，能使固定资产的质量或功能有显著的提高，如安装中央空调以取代原有的取暖设施。固定资产改良工程上的所有支出均应作为资本性支出处理，记入资产的成本。在工程进程中，如有被替换的旧资产，则旧资产的成本应从原资产账户中转出。

固定资产改善一般支出较小，质量改进不显著，如一般照明设备的改进。凡属于这种支出的应视为收益性支出,记入本期损益。

我国《企业会计准则——固定资产》规定:与固定资产有关的后续支出,如果使可能流入企业的经济利益超过了原先的估计,如延长了固定资产的使用寿命,或者使产品质量实质性提高,或者使产品成本实质性降低,则应当计入固定资产账面价值,其增计金额不应超过该固定资产的可收回金额;否则,应当确认为费用。

第六节　固定资产减值

固定资产发生损坏、技术陈旧或其他经济原因,导致其可收回金额低于其账面净值,这种情况称为固定资产减值。

企业应当在期末或者至少在每年年度终了,对固定资产逐项进行检查,如果由于市价持续下跌,或技术陈旧、损坏、长期闲置等原因导致其可收回金额低于账面价值的,应当将可收回金额低于其账面价值的差额作为固定资产减值准备。

固定资产减值准备应按单项资产计提。在资产负债表中,固定资产减值准备应当作为固定资产净值的减项反映。

如果企业的固定资产实质上已经发生了减值,应当计提减值准备。当固定资产存在下列情况之一时,应当按照该项固定资产的账面价值全额计提固定资产减值准备:

1.长期闲置不用,在可预见的未来不会再使用,且已无转让价值;

2.由于技术进步等原因,已不可使用;

3.虽然固定资产尚可使用,但使用后产生大量不合格品;

4.已遭毁损,以至于不再具有使用价值和转让价值;

5.其他实质上已经不能再给企业带来经济利益的情况。

已全额计提减值准备的固定资产,不再计提折旧。

《国际会计准则第36号——资产减值》规定:在每一个资产负债表日,企业应评估是否存在资产可能已经减值的迹象。如果存在这种迹象,企业应估计资产的可收回金额。在估计资产是否存在减值的迹象时,企业至少应考虑下述迹象:

外部信息来源:

1.资产的市价在当期大幅下跌,其跌幅大大高于因时间推移或正常使用而预计的下跌;

2.技术、市场、经济或法律等企业经营环境,或是资产的营销市场,在当期发生或在近期将发生重大变化,对企业产生负面影响;

3.市场利率或市场的其他投资回报率在当期已经提高,从而很可能影响企业计算资产使用价值时采用的折现率,并大幅度降低资产的可收回金额;

4.报告企业的净资产账面金额大于其市场资本化金额。

内部信息来源：

1.有证据表明资产已经陈旧过时或实体损坏。

2.资产的使用或预计使用方式或程度已在当期发生或在近期将发生重大变化，对企业产生负面影响。这些变化包括计划终止或重组该资产所属的经营业务，或计划在以前的预定日期之前处置该资产。

3.内部报告提供的证据表明，资产的经济绩效已经或将要比预期的差。当资产的可收回金额小于其账面价值时，资产的账面价值应减记至可收回金额，减记的价值即为资产减值损失。

我国《企业会计准则——固定资产》规定：固定资产的减值是指，固定资产的可收回金额低于其账面价值。可收回金额，是指资产的销售净价与预期从该资产的持续使用和使用寿命结束时的处置中形成的现金流量的现值两者之中的较高者。其中销售净价是指，资产的销售价格减去处置资产所发生的相关税费后的余额。企业应当于期末对固定资产进行检查，如发现存在下列情况，应当计算固定资产的可收回金额，以确定资产是否已经发生减值：①固定资产市价大幅度下跌，其跌幅大大高于因时间推移或正常使用而预计的下跌，并且预计在近期内不可能恢复；②企业所处经营环境，如技术、市场、经济或法律环境，或者产品营销市场在当期发生或在近期将发生重大变化，并对企业产生负面影响；③同期市场利率等大幅度提高，进而很可能影响企业计算固定资产可收回金额的折现率，并导致固定资产可收回金额大幅度降低；④固定资产陈旧过时或发生实体损坏等；⑤固定资产预计使用方式发生重大不利变化，如企业计划终止或重组该资产所属的经营业务、提前处置资产等情形，从而对企业产生负面影响；⑥其他有可能表明资产已发生减值的情况。

如果固定资产的可收回金额低于其账面价值，企业应当按可收回金额低于账面价值的差额计提固定资产减值准备，并计入当期损益。已计提减值准备的固定资产，应当按照该固定资产的账面价值以及尚可使用寿命重新计算确定折旧率和折旧额；如果已计提减值准备的固定资产价值又得以恢复，应当按照固定资产价值恢复后的账面价值，以及尚可使用寿命重新计算确定折旧率和折旧额。因固定资产减值准备而调整固定资产折旧额时，对此前已计提的累计折旧不做调整。如果有迹象表明以前期间据以计提固定资产减值的各种因素发生变化，使得固定资产的可收回金额大于其账面价值，则已计提的减值损失应当转回，但转回的金额不应超过原已计提的固定资产减值准备。

为核算企业提取的固定资产减值准备，设置"固定资产减值准备"账户。本账户按固定资产项目设置明细账。本账户期末贷记"余额"，反映企业已提取的固定资产减值准备。企业发生固定资产减值时，借记"营业外支出——计提的固定资产减值准备"科目，贷记本科目；如已计提减值准备的固定资产价值又得以恢复，应在原已提减值准备的范围内转回，借记本科目，贷记"营业外支出——计提的固定资产减值准备"科目。

第四章　财务会计无形资产管理分析

第一节　无形资产概述

一、无形资产的定义及其特点

无形资产，是指企业为生产商品或者提供劳务、出租给他人、或为管理目的持有的没有实物形态的非货币性长期资产。无形资产包括专利权、非专利技术、商标权、著作权、土地使用权、商誉等，它们或者表明企业所拥有的一种特殊权力，或者直接体现为帮助企业取得高于一般水平的收益。

《企业会计准则——无形资产》规定：无形资产可分为可辨认无形资产和不可辨认无形资产。可辨认无形资产包括专利权、非专利技术、商标权、著作权、土地使用权、特许权等，不可辨认无形资产是指商誉。

目前，国际上对无形资产的界定不完全一致。《国际会计准则第38号——无形资产》规定，无形资产指为用于商品或劳务的生产或供应、出租给其他单位、或为管理目的而持有的没有实物形态的可辨认无形资产。英国《财务报告准则第10号——商誉和无形资产》认为，无形资产指不具实物形态、可辨认、企业可控制的非金融性长期资产。美国正在对无形资产会计处理准则进行修订，所公布的征求意见稿认为，无形资产是指无实物形态的非流动资产（不包括金融资产），包括商誉。不难看出我国的无形资产概念与国际会计准则和英国会计准则中的无形资产概念存在一定差别，表现在我国的无形资产概念包括商誉。与美国征求意见稿中的无形资产概念相比，我国的无形资产概念与之基本一致。

无形资产具有下列特点：

（一）无实体性

无形资产一般是由法律或契约关系所赋予的权利，它没有实物形态，看不见摸不着，但其作用可以感觉得到。在某些高科技领域，无形资产往往显得更为重要。没有实物形态的资产不一定是无形资产，如应收账款，所以不能只靠有无物质实体作为判断是不是无形资产的唯一标志，但无形资产一定是没有实物形态的。

需要指出的是，某些无形资产的存在有赖于实物载体。比如，计算机软件需要存储在磁盘中。但这并没有改变无形资产本身不具有实物形态的特性。

（二）未来效益的不确定性

无形资产能为企业带来长期效益，但它所能提供的未来经济效益具有很大的不确定性。如企业拥有一项专利权，它使企业在某项技术上拥有独占使用权，从而获得超过同类其他企业的经济利益。但是一旦有一项新的技术出现，它可以远远领先于企业的专利技术，那么企业来自该项专利的经济利益可能减少，甚至消失。无形资产的价值仅局限于特定的企业，在一个企业有用的无形资产不一定在其他企业拥有。并且也很难将无形资产的价值与特定的收入及特定的期间相联系，其不确定性远远超过其他资产。

（三）非独立性

大多数无形资产不能与企业或企业的有形资产相分离，只有与其他有形资产相结合，在企业生产经营中才能发挥作用。一个企业不可能只有无形资产，企业在未来取得的收益也很难区分是无形资产创造的还是有形资产创造的，通常是两者共同作用的结果。

（四）非流动性

无形资产能为企业连续提供一年以上的服务或利益，其成本不能在短期内得到充分补偿。企业持有无形资产的目的不是出售而是生产经营，即利用无形资产来提供商品、提供劳务出租给他人，或为企业经营管理服务。软件公司开发的用于对外销售的计算机软件，对于购买方而言属于无形资产，而对于开发商而言却是存货。

二、无形资产的分类

无形资产可以按以下不同的标志进行分类：

1.按可否辨认，无形资产可分为可辨认无形资产和不可辨认无形资产

可辨认无形资产是指那些具有相对独立性，可以个别地取得，或作为组成资产的一部分取得，或作为整个企业的一部分取得，可以单独转让或出售的无形资产，如特许权。但也存在特殊情况，即，虽然企业将其出售还需处置同一获利活

动中的其他资产，该无形资产仍可能是可辨认的。比如，与地上附着物一同购入的土地使用权。

不可辨认无形资产是指那些不具有独立性，不能与企业整体或某项资产分离，不能单独取得和转让或出售的无形资产，最典型的就是商誉。

2. 按不同的来源，无形资产可分为外部取得的无形资产和内部的无形资产

外购的无形资产是指从其他单位或个人购进的，或连同企业一并购进的，如外购的专利权、商誉等。

自创的无形资产是指企业自行研制开发并申请成功的无形资产，如自制的商标权、专利权等。

3. 按有无固定使用年限，无形资产可分为有固定使用年限的无形资产和无固定使用年限的无形资产

有固定使用年限的是指法律或合约规定有使用年限的无形资产，如特许权。无固定使用年限的是指法律和合约无法规定使用年限的无形资产，如商誉。

三、无形资产的确认

《企业会计准则——无形资产》规定：无形资产在满足以下两个条件时，企业才能加以确认：

第一，该资产产生的经济利益很可能流入企业；

第二，该资产的成本能够可靠地计量。

某个项目要想确认为无形资产，首先必须符合无形资产的定义，其次还要符合以上两项条件。

（一）符合无形资产的定义

符合无形资产定义的重要表现之一，就是企业能够控制该无形资产产生的经济利益。这虽是企业一般资产所具有的特征，但对于无形资产来说，显得尤其重要。如果没有通过法定方式或合约方式认定企业所拥有的控制权，则说明相关的项目不符合无形资产的定义。比如，一支熟练的员工队伍、特定的管理或技术、一定的客户或市场份额，除非它们的利用及其未来能给企业带来的经济利益受到法定权利的保护，否则不应认为企业对其有足够的控制，因此也不能将它们认定为该企业的无形资产。

（二）产生的经济利益很可能流入企业

作为企业的无形资产，必须具备产生的经济利益很可能流入企业这项基本条件。实务中，要确定无形资产创造的经济利益是否很可能流入企业，需要实施职业判断。在判断无形资产产生的经济利益是否可能流入企业时，企业管理部门应对无形资产在预计使用年限内存在的各种因素做出稳健的估计。

（三）成本能够可靠地计量

成本能够可靠地计量是资产确认的一项基本条件。对于无形资产来说，这个条件十分重要。企业自创商誉符合无形资产的定义，但自创商誉过程中发生的支出却难以计量，因而不能作为企业的无形资产予以确认。又比如，一些高科技企业的科技人才，假定其与企业签订了服务合同，且合同规定其在一定期限内不能为其他企业提供服务。在这种情况下，虽然这些科技人才的知识在规定的期限内能够为企业创造经济利益，但由于这些技术人才的知识难以辨认，加之为形成这些知识所发生的支出难以计量，从而不能作为企业的无形资产加以确认。

国际会计准则和其他国家或地区会计准则对无形资产确认都予以特别关注。《国际会计准则第38号》指出，企业将某项目确认为无形资产时，应能够证明该项目符合无形资产的定义，并同时符合以下条件：第一，归属于该资产的未来经济利益很可能流入企业；第二，该资产的成本能够可靠地计量。《国际会计准则第38号》特别强调，企业应使用合理并有证据的假定评价未来经济利益流入的可能性，这些假定应代表企业的管理层对资产使用寿命内将存在的一系列经济状况的最好估计。

在英国的会计实务中，对商誉和无形资产的确认所遵循的是英国会计准则委员会于1999年12月发布的原则公告。该公告指出，如果一项交易或其他事项产生了一项新资产或一项新负债，或导致一项现存资产或负债的增加，那么这种影响应在同时符合以下条件时予以确认：第一，存在表明新资产或负债已经产生的证据，或存在表明已增加现存资产或负债的证据；第二，新资产或负债或在现存资产或负债基础上增加的部分，能够以货币金额可靠地计量。

美国会计准则中没有关于专门确认无形资产的规定，关于财务报表要素的确认原则如下：第一，符合定义，即要符合财务报表某一要素的定义；第二，可计量性，即具有一个相关的可计量属性，足以可靠地计量；第三，相关性，即有关信息在用户的决策中有重要作用；第四，可靠性，即信息是真实的可核实的无偏向的。

从形式上看，国际会计准则、英国会计准则及美国会计准则对无形资产确认条件存在一些不同，但从本质上看，它们并无实质上的区别。我国的会计准则与国际会计准则基本一致。

第二节　无形资产的核算

一、无形资产的增加

（一）无形资产的计价

企业的无形资产在取得时，应按取得时的实际成本计量。取得时的实际成本应按以下规定确定：

1.购入的无形资产，按实际支付的价款作为实际成本。

国际会计准则、英国会计准则、美国会计准则对于购入的无形资产，都规定确认时按成本计量。但是，如果采用赊购的方法且延期支付的期限较长，则规定对购入的无形资产通过折现的方法进行初始计量。

2.投资者投入的无形资产，按投资各方确认的价值作为实际成本。但是，为首次发行股票而接受投资者投入的无形资产，应按该项无形资产在投资方的账面价值作为实际成本。

3.企业接受的债务人以非现金资产抵偿债务方式取得的无形资产，或以应收债权换入无形资产的，按应收债权的账面价值加上应支付相关税费，作为实际成本。涉及补价的，按以下规定确定受让的无形资产的实际成本：（1）收到补价的，按应收债权的账面价值减去补价，加上应支付的相关税费，作为实际成本；（2）支付补价的，按应收债权的账面价值加上支付的补价和应支付的相关税费，作为实际成本。

4.以非货币性交易换入的无形资产，按换出资产的账面价值加上应支付的相关税费，作为实际成本。涉及补价的，按以下规定确定换入无形资产的实际成本：

收到补价的，按换出资产的账面价值加上应确认的收益和应支付的相关税费减去补价后的余额，作为实际成本；

应确认的收益=补价×（换出资产的公允价值－换出资产的账面价值）÷换出资产的公允价值

支付补价的，按换出资产的账面价值加上应支付的相关税费和补价，作为实际成本。

国际会计准则和美国会计准则对于非货币性交易换入的无形资产，在进行初始计量时，都区分交易的性质，根据其是属于同类非货币性交易还是属于非同类非货币性交易，从而采取不同的处理方法。我国不做这样的区分。英国会计准则对此没有专门的规定。

5.接受捐赠的无形资产，应按以下规定确定其实际成本：

（1）捐赠方提供了有关凭据的，按凭据上标明的金额加上应支付的相关税费，作为实际成本。

（2）捐赠方没有提供有关凭据的，按如下顺序确定其实际成本：同类或类似无形资产存在活跃市场的，按同类或类似无形资产的市场价格估计的金额，加上应支付的相关税费，作为实际成本；同类或类似无形资产不存在活跃市场的，按该接受捐赠的无形资产的预计未来现金流量现值，作为实际成本。

6.自行开发并按法律程序申请取得的无形资产，按依法取得时发生的注册费、聘请律师费等费用，作为无形资产的实际成本。在研究与开发过程中发生的材料费用、直接参与开发人员的工资及福利费、开发过程中发生的租金、借款费用等，直接计入当期损益。

已经计入各期费用的研究与开发费用，在该项无形资产获得成功并依法申请取得权利时，不得再将原已计入费用的研究与开发费用资本化。

7.企业购入的土地使用权，或以支付土地出让金方式取得的土地使用权，按照实际支付的价款作为实际成本，并作为无形资产核算；待该项土地开发时再将其账面价值转入相关在建工程（房地产开发企业将需开发的土地使用权账面价值转入存货项目）。

（二）会计处理

为核算企业的无形资产，设置"无形资产"科目。本科目应按无形资产类别设置明细账，进行明细核算。本科目的期末借方余额，反映企业已入账但尚未摊销的无形资产的摊余价值。企业自创的商誉，以及未满足无形资产确认条件的其他项目，不能作为企业的无形资产，不在本科目内反映。具体的账务处理如下：

1.购入的无形资产，按实际支付的价款，借记"无形资产"，贷记"银行存款"等。

2.投资者投入的无形资产，按投资各方确认的价值，借记"无形资产"，贷记"实收资本"或"股本"等。为首次发行股票而接受投资者投入的无形资产，应按该项无形资产在投资方的账面价值，借记"无形资产"，贷记"实收资本"或"股本"等。

3.企业接受的债务人以非现金资产抵偿债务方式取得的无形资产，或以应收债权换入无形资产的，按应收债权的账面价值加上应支付的相关税费，借记"无形资产"，按该项债权已计提的坏账准备，借记"坏账准备"，按应收债权的账面余额，贷记"应收账款"等，按应支付的相关税费，贷记"银行存款""应交税金"等。涉及补价的，分别情况处理：

（1）收到补价的，按应收债权的账面价值减去补价，加上应支付的相关税费，借记"无形资产"，按收到的补价，借记"银行存款"等，按该项债权已计提的坏账准备，借记"坏账准备"，按应收债权的账面余额，贷记"应收账款"等，按应支付的相关税费，贷记"银行存款""应交税金"等。

（2）支付补价的，按应收债权的账面价值加上支付的补价和应支付的相关税费，借记"无形资产"，按该项债权已计提的坏账准备，借记"坏账准备"，按应收债权的账面余额，贷记"应收账款"等，按支付的补价和相关税费，贷记"银行存款""应交税金"等。

4.接受捐赠的无形资产，按确定的实际成本，借记"无形资产"，按未来应交的所得税，贷记"递延税款"，按确定的价值减去未来应交所得税后的差额，贷记"资本公积"，按应支付的相关税费，贷记"银行存款""应交税金"等。

5.自行开发并按法律程序申请取得的无形资产，按依法取得时发生的注册费、聘请律师费等费用，借记"无形资产"，贷记"银行存款"等。

企业在研究与开发过程中发生的材料费用、直接参与开发人员的工资及福利费、开发过程中发生的租金、借款费用等，直接计入当期损益，借记"管理费用"，贷记"银行存款"等。

6.企业通过非货币性交易取得的无形资产，比照以非货币性交易取得的固定资产的相关规定进行处理。

二、无形资产的后续支出

无形资产的后续支出，是指无形资产入账后，为确保该无形资产能够给企业带来预定的经济利益而发生的支出，比如相关的宣传活动支出。由于这些支出仅是为了确保已确认的无形资产能够为企业带来预定的经济利益，因而应在发生当期确认为费用。

《国际会计准则第38号》指出，无形资产后续支出应在发生时确认为费用，除非满足以下条件：第一，该支出很可能使资产产生超过原来预定绩效水平的未来经济利益；第二，该支出能够可靠地计量和分摊至该资产。同时指出，商标、刊头、报刊名、客户名单和实质上类似的项目（不论是外部购入的还是内部产生的）所发生的后续支出，只能确认为费用，以避免确认自创商誉。

《英国财务报告准则第10号》没有特别提及无形资产后续支出。美国会计准则也没有特别就无形资产后续支出如何处理提供指南，在实务处理中，对于可辨认无形资产，允许资本化的后续支出通常仅限于那些能够延长无形资产使用寿命的支出。

三、无形资产的摊销

无形资产应当自取得当月起在预计使用年限内分期平均摊销，计入损益。如预计使用年限超过了相关合同规定的受益年限或法律规定的有效年限，该无形资产的摊销年限按如下原则确定：

1.合同规定受益年限但法律没有规定有效年限的，摊销年限不应超过合同规定的受益年限；

2.合同没有规定受益年限但法律规定有效年限的，摊销年限不应超过法律规定的有效年限；

3.合同规定了受益年限，法律也规定了有效年限的，摊销年限不应超过受益年限和有效年限二者之中较短者；

4.如果合同没有规定受益年限，法律也没有规定有效年限的，摊销年限不应超过10年。

摊销无形资产价值时，借记"管理费用——无形资产摊销"，贷记"无形资产"。

无形资产应否摊销以及如何摊销，在国际上素有争论。以下是国际会计准则及美国、英国的会计准则中的一些观点：

（一）无形资产应否摊销

国际会计准则要求将无形资产按系统方法予以摊销。

英国财务报告准则虽然主张对无形资产进行摊销，但同时对那些被认为具有无限使用寿命的商誉或无形资产不要求进行摊销。

美国会计准则要求对包括商誉在内的无形资产进行摊销。不过，值得注意的是，美国财务会计准则委员会正在对涉及无形资产的公认会计原则进行修订，最新的建议认为，商誉不应予以摊销，替而代之的是定期对其进行减值测试。

（二）摊销年限

《国际会计准则第38号》指出，无形资产的应折旧金额应在其使用寿命的最佳估计期限内系统地摊销。同时指出，只有在极少情况下，才可能存在令人信服的证据表明某项无形资产的使用寿命是长于20年的特定期间；一般情况下，无形资产的使用寿命不超过20年。

（三）摊销方法

《国际会计准则第38号》指出，企业用于摊销无形资产的方法应反映消耗该无形资产的方式，比如直线法、余额递减法和生产总量法等。但是，有时企业并不能很好地确定其消耗无形资产所内含的经济利益的方式。对此，国际会计准则认为，应采用直线法。英国会计准则与国际会计准则的规定基本一致。美国会计准则没有硬性地规定企业应采用直线法或是其他方法来摊销无形资产。

（四）残值

《国际会计准则第38号》指出，无形资产的残值应假定为零，除非其符合以下任何一项条件：第一，由第三方承诺在无形资产使用寿命结束时购买该无形资产；第二，该无形资产存在活跃市场，其残值可以根据该市场信息确定，并且这种市场在该无形资产的使用寿命很可能存在。

《英国财务报告准则第10号》指出，会计实务中，无形资产的残值通常是不大的；只有出现以下情况时，残值才可能是较大的：第一，在无形资产使用期限结束时依据合约权力可以收到一定数量的金额；第二，对残值存在一项易于确定的市场价值。为此，该公告指出，在摊销无形资产时，只有当残值可以可靠地计量时，才能考虑残值因素。对商誉而言，无残值可言。

我国会计准则认为，在进行无形资产摊销时不应考虑残值因素，即认为是零。

四、无形资产的减值

企业应当定期或者至少于每年年度终了，检查各项无形资产预计给企业带来未来经济利益的能力，对预计可收回金额低于其账面价值的，应当计提减值准备。当存在下列一项或若干项情况时，应当计提无形资产减值准备：

1. 某项无形资产已被其他新技术等所替代，使其为企业创造经济利益的能力受到重大不利影响；
2. 某项无形资产的市价在当期大幅下跌，在剩余摊销年限内预期不会恢复；
3. 某项无形资产已超过法律保护期限，但仍然具有部分使用价值；
4. 其他足以证明某项无形资产实质上已经发生了减值的情形。

当存在下列一项或若干项情况时，应当将该项无形资产的账面价值全部转入当期损益，借记"管理费用"，贷记"无形资产"：

1. 某项无形资产已被其他新技术等所替代，并且该项无形资产已无使用价值和转让价值；
2. 某项无形资产已超过法律保护期限，并且已不能为企业带来经济利益；
3. 其他足以证明某项无形资产已经丧失了使用价值和转让价值的情形。

为核算企业计提的无形资产减值准备，设置"无形资产减值准备"科目，该科目应按单项无形资产计提减值准备。期末，企业所持有的无形资产的账面价值高于其可收回金额的，应按其差额，借记"营业外支出——计提的无形资产减值准备"，贷记"无形资产减值准备"；如已计提减值准备的无形资产价值又得以恢复，应按已计提减值准备的范围内转回，借记"无形资产减值准备"，贷记"营业外支出——计提的无形资产减值准备"。本科目期末贷方余额，反映企业已提取的无形资产减值准备。

《国际会计准则第38号》没有直接对减值进行定义，而是对减值损失做了界定，即：减值损失是指资产的账面价值超过其可收回金额的金额。其中，资产的账面价值指资产负债表内确认的资产的金额减去相关累计摊销额和累计减值损失后的余额。

《英国财务报告准则第10号》指出，减值指固定资产包括有形固定资产和无形固定资产或商誉的可收回金额低于其账面价值引起的价值减少。

《美国财务会计准则公告第121号——长期资产减值与待处置长期资产的会计处理》指出，如果企业预期从长期资产的使用和最终处置获得的未折现的未来现金流量低于其账面价值，则说明该长期资产发生了减值。

从上述内容可以看出，尽管国际会计准则和英国会计准则对资产减值现象的描述有些不同，但实质却是一样的，而美国会计准则则有些不同。

五、无形资产的处置和报废

企业出售无形资产，按实际取得的转让收入，借记"银行存款"等，按该项无形资产已计提的减值准备，借记"无形资产减值准备"，按无形资产的账面余额，贷记"无形资产"，按应支付的相关税费，贷记"银行存款""应交税金"等，按其差额，贷记"营业外收入——出售无形资产收益"或借记"营业外支出——出售无形资产损失"。

企业出租无形资产所取得的租金收入，借记"银行存款"等，贷记"其他业务收入"等；结转出租无形资产的成本时，借记"其他业务支出"，贷记"无形资产"。

企业用无形资产向外投资，比照非货币性交易的规定处理。

若预计某项无形资产已经不能给企业带来未来经济利益，应当将该项无形资产的账面价值全部转入管理费用。

《企业会计准则——无形资产》规定，企业在判断无形资产是否预期不能为企业带来经济利益时，应根据以下几项加以判断：第一，该无形资产是否已被其他新技术等所替代，且已不能为企业带来经济利益；第二，该无形资产是否不再受法律的保护，且不能给企业带来经济利益。

第三节 可辨认无形资产

一、专利权

专利权，是指国家专利主管机关依法授予发明创造专利申请人对其发明创造在法定期限内所享有的专有权利，包括发明专利权、实用新型专利权和外观设计专利权。

专利权是人们智力劳动的结果，也是最常见的知识产权的一种。为了保护发明创造，鼓励发明创造，有利于发明创造成果的推广使用，促进科学技术的发展，加速科技成果的商品化，适应社会主义市场经济的需要，我国在1984年颁发了《中华人民共和国专利法》，并于1992年9月对此做了修改。该法明确规定，专利权拥有人的专利受到国家法律的保护。申请专利，应按照法律程序进行，无论申请的是发明、实用新型还是外观设计，都应当具备新颖性、创造性和实用性三个条件。

专利权是否有价值应看其是否具有降低成本，或者提高产品质量，或者可以转让出去获得转让费收入，从而给持有者带来经济利益等特点。专利权在会计上的核算包括以下几个方面：

（一）专利权取得成本的确定与核算

无形资产的计价也应遵循历史成本原则，即按取得无形资产时所发生的实际成本计价，包括必要的注册费、手续费和法律费等。自制的专利权理论上应包括在创造专利权过程中所发生的制图费、实验费、申请专利的法律登记费以及聘请律师费等，但是，由于自己创造的专利权不一定能够成功，为了谨慎起见，在研究与开发过程中发生的材料费用、直接参与开发人员的工资及福利费、开发过程中发生的租金、借款费用等，直接计入当期损益。

已经计入各期费用的研究与开发费用，在该项无形资产获得成功并依法申请取得权利时，不得再将原已计入费用的研究与开发费用资本化。

（二）专利权的摊销及其核算

无形资产按其历史成本入账后，在其使用期限内，应遵循配比原则，将其成本在各受益期间进行分摊。无形资产的摊销期限：合同规定了受益年限的，按不超过受益年限的期限摊销；合同没有规定受益年限而法律规定了受益年限的，按不超过法律规定的有效期限摊销；经营期短于有效年限的，按不超过经营期的年限摊销；合同和法律都规定受益年限的，在两者孰短的期限内摊销；合同和法律都未规定受益年限的，按不超过10年的期限摊销。我国修改后的《专利法》规定，发明专利保护期限为20年，实用新型和外观设计专利保护期限为10年，均自申请日起算。专利权在摊销时，应借记"管理费用——无形资产摊销"科目，贷记"无形资产——专利权"科目。

（三）专利权的转让及其核算

专利发明创造作为一种无形资产，可以进入商品流通领域，作为买卖的标的物。当专利权人不打算利用其专利或无法利用时，就可以将其专利权转让给他人利用。专利权的转让是指专利权人将其专利权转移给受让人所有，受让人支付一定报酬或价款，成为新的专利人的行为。专利权转让必须签订转让合同，并向专利局备案。专利权转让有两种形式，一种是所有权转让，另一种是使用权转让。

1.所有权转让

根据我国税法规定，转让专利权的所有权，应缴纳营业税，税率为5%，计入"应交税金——应交营业税"。

企业出售无形资产，按实际取得的转让收入，借记"银行存款"等，按该项无形资产已计提的减值准备，借记"无形资产减值准备"，按无形资产的账面余额，贷记"无形资产——专利权"，按应支付的相关税费，贷记"银行存款""应交税金"等，按其差额，贷记"营业外收入——出售无形资产收益"或借记"营业外支出——出售无形资产损失"。

2.使用权转让

企业出租无形资产所取得的租金收入，借记"银行存款"等，贷记"其他业务收入"等；结转出租无形资产的成本时，借记"其他业务支出"，贷记"无形资产——专利权"。

（四）专利权投资及其核算

专利权人可以专利权作为投资，取得投资收益。这也可以被认为是专利权人自行实施专利的一种变通形式。

专利权如受到侵害而发生诉讼时，有可能胜诉也有可能败诉。关于诉讼费的处理一般惯例是如胜诉，应予资本化；如败诉，应计入当期费用，且注销专利权成本。

二、商标权

商标是用来辨认特定的商品或劳务的标记。商标权指专门在某类指定的商品或产品上使用特定的名称或图案的权利。商标权包括独占使用权和禁止权两个方面。独占使用权指商标权享有人在商标的注册范围内独家使用其商标的权利；禁止权指商标权享有人排除和禁止他人对商标独占使用权进行侵犯的权利。

商标权是又一种知识产权的表现形式。商标是用来辨认特定的商品或劳务的标记，其外在形态是由文字、图形或者是文字与图形的组合构成的。在国外，也有以包装容器造型、音响、气味、颜色来构成商标的。商标权是指商标所有人依法对其注册商标所享有的权利。为了加强商标管理，保护商标专用权，促使生产者保证商品质量和维护商标信誉，以保障消费者的利益，促进我国知识经济的发展，我国在1982年颁布了《中华人民共和国商标法》，后又进行了修改。该法明确规定，经商标局核准注册的商标为注册商标，商标注册人享有商标专用权，受法律保护。

商标权具有专有性、地域性和时间性等法律特征。所谓专有性，是指商标注册人对注册商标享有专有使用的权利，其他任何单位或个人未经商标注册人的许可，不得使用该注册商标，专有性又可表现为商标的独占使用权和禁止权。商标注册人有权排除第三者擅自使用其注册商标，这种权利是商标权具有排他性的法律表现。地域性是指商标所有人享有的商标权，只在授予该项权利的国家有效，在其他国家内不发生法律效力。时间性是指商标权有一定的法定有效期限。有效期届满前可以申请续展注册，到期不续展则效力自行终止。

商标权之所以具有经济价值，主要是由于企业拥有某种特别商标的优质商品，成功地取得了广大消费者的信任，赢得了大量的顾客。所以它是企业的一种信誉，这种信誉能使企业高于同行业一般水平获得超额利润。

商标权的取得可能是企业自创并注册登记而得，也可能通过购买或接受投资从其他单位或个人取得。自创的商标权，其成本包括从设计至申请注册登记取得商标权的一切费用，还包括为保护商标权所发生的诉讼费、律师费以及续展登记费等。然而能够给拥有者带来获利能力的商标，常常是通过多年的广告宣传和其他传播手段，赢得客户的信赖而树立起来的。广告费一般直接作为销售费用，而不计入商标权的成本。外购的专利权成本包括购入的价款、登记费、法律费以及其他因受让而发生的支出。

商标权取得后应将其成本在其有效期内摊销，具体要求与专利权相同。我国商标法规定商标权的有效期限为10年，但到期还可以续展。

根据商标法规定，商标可以转让，但受让人应当保证不改变转让商标的商品质量标准，而且不可再随意转让给第三人。

商标权的会计核算也包括商标权的取得、商标权的摊销和商标权的转让等。可设"无形资产——商标权"科目进行会计处理。具体核算可比照专利法。

三、特许权

特许权，又称经营特许权、专营权，指企业在某一地区经营或销售某种特定商品的权利，或是一家企业接受另一家企业使用其商标、商号、技术秘密等的权利。前者一般是由政府机构授权，准许企业使用或在一定地区享有经营某种业务的特权，如水、电、邮电通信等专营权，烟草专卖权等；后者指企业间依照确定的合同，有限期或无限期使用另一家企业的某些权利，如连锁企业分店使用总店的名称。

专营权的法律特征是独占性和无地域性。所谓独占性是指一旦企业从政府机构或其他企业取得某种特许权，其他企业或个人不得侵犯和享用。无地域性是指专营权可以跨国界授予，如美国的麦当劳快餐公司、肯德基炸鸡快餐公司等都是以特许经营权方式授予其在世界各地的特许人经营其快餐的特权。在我国，特许经营权也早已出现，电力公司、电话公司、煤气公司等公用事业单位，都是政府给予特定企业的特许权。近年来，我国以特许经营权方式从事的连锁超市、快餐业、出租车经营的公司也日渐增多。特许权给受让人带来的经济利益是无形的，也是很多企业生存的前提。某些特许权经过企业精心经营可以为企业创造巨大的超额利润。

所以，取得特许权时，受让人应付出一定的代价，有的是一次性支付一笔总金额，有的是分期支付占用费。受让人在进行会计核算时，应设"无形资产——特许权"科目，并将初始一次性支付一笔较大的数额资本化，以后在合同规定的期限内摊销；无规定期限的按不超过10年摊销。摊销费计入管理费用。关于分次按营业额支付的占用费，在支付时计入当期费用。

四、土地使用权

土地使用权，指国家准许某企业在一定期间对国有土地享有开发、利用、经营的权利。根据我国土地管理法的规定，我国土地实行公有制，任何单位和个人不得侵占买卖或者以其他形式非法转让。企业取得土地使用权的方式大致有以下几种：行政划拨取得、外购取得、投资者投入取得等。

土地是人们赖以生存与发展的物质基础，在西方国家，土地可以作为固定资产自由买卖。在我国，土地属于国家所有，任何企业或个人，只能依照法律的规定对国有土地享有开发、利用、经营的权利，而不能侵占、买卖、出租或者以其他形式非法出让土地。为了加强土地管理，维护土地的社会主义公有制，1994年，我国对1986年颁布的《中华人民共和国土地管理法》继1988年后进行了第二次修改，明确规定了土地使用权除了国家依法划拨给某些企业使用外，还可以通过有偿出让的方式供某些企业使用或转让。国家将国有土地使用权按照地块、用途、年限和其他条件在一定期限内出让给土地使用者，由土地使用者按照合同约定向国家支付土地使用权出让金，未按照出让合同约定支付土地使用权出让金的，土地管理部门有权解除合同，并可以请求违约赔偿。土地使用权出让合同约定的使用年限届满，土地使用者需要继续使用土地的，可以申请续期。土地使用权人依法取得土地使用权后，可通过买卖、赠与或者其他合法方式将土地使用权转移给他人。土地使用权转让后，其使用年限为原土地使用权出让合同约定的使用年限减去原土地使用者已经使用年限后的剩余年限。

土地使用权的会计核算主要包括土地使用权的取得、土地使用权的摊销、土地使用权的转让、土地使用权投资、土地使用权赠与等。

企业的土地使用权不论是从国家出让取得，还是从其他单位转让取得，其成本除了企业支付的出让金或转让金外，在其开发利用之前，可能还发生一些迁移补偿费、场地平整费、丈量费和法律手续费等，这些费用应一并作为土地使用权成本。若分期支付土地使用权费用时，还应以每次应支付使用费的现值入账，借记"无形资产——土地使用权"，贷记"银行存款"。

我国房地产有关法规规定，如果土地使用权是连同土地上的附着物，如房屋、建筑物等一起购入的，土地使用权则一并作为固定资产核算，不再单独确认为无形资产。

企业会计制度规定，企业进行房地产开发时，应将相关的土地使用权予以结转；结转时，将土地使用权的账面价值一次计入房地产开发成本。

国家在出让或企业在转让土地使用权时，一般都规定土地使用权的有效使用年限，这时，企业在取得土地使用权后，应在规定的有效使用期内摊销，摊销时一般借记"管理费用"，贷记"无形资产——土地使用权"。

五、非专利技术

非专利技术，也称专有技术，是指不为外界所知，在生产经营活动中已采用的，不享有法律保护的各种技术和经验。非专利技术一般包括工业专有技术、商业贸易专有技术、管理专有技术等。非专利技术可以用蓝图、配方、技术记录、操作方法的说明等具体资料表现出来，也可以通过卖方派出技术人员进行指导，或接受买方人员进行技术实习等手段实现。非专利技术具有经济性、机密性和动态性等特点。

第四节 商誉

商誉通常是指企业由于所处的地理位置优越，或由于信誉好而获得了客户信任，或由于组织得当生产经营效益高，或由于技术先进掌握了生产诀窍等原因而形成的无形价值。这种无形价值具体表现在该企业的获利能力超过了一般企业的获利水平。商誉与整个企业密切相关，因而它不能单独存在，也不能与企业可辨认的各种资产分开出售。由于有助于形成商誉的个别因素不能单独计价，因此商誉的价值只有把企业作为一个整体看待时才能按总额加以确定。商誉可以是自创的，也可以是外购的。

一、商誉的性质

随着企业兼并收购浪潮的涌起，企业产权交易日益活跃，在产权有偿转让过程中，商誉也应运而生。对商誉概念的认识，比较一致的看法是，商誉是由于企业所处地理位置优越，或由于信誉好而获得了客户的信任，或由于组织得当、生产经营效益高，或由于技术先进、掌握了生产的诀窍等原因而形成的无形价值。这种无形价值能为企业带来超过一般盈利水平的超额利润。例如，某企业净资产的价值为1000万元，行业平均净资产报酬率为5%，而该企业平均每年可获利85万元。可见，该企业具有超过同行业平均盈利的能力，其获得的超额利润为35

（85－1000×5%）万元。这35万元，就可认为是企业自身有隐含的商誉创造的。

商誉不同于一般的无形资产，美国财务会计委员会将其特征概括如下：（1）商誉与作为一个整体的企业密切相关，它不能单独存在，也不能与企业的可辨认的各种资产分开来出售。（2）形成商誉的各个因素，不能用任何方法或公式进行单独讨价。它的价值只有在把企业作为一个整体来看待时，才能按总额加以确定。（3）在企业合并时可确认的商誉的未来收益，可能和建立商誉过程中所发生的成本没有关系。商誉的存在，未必有为建立它而发生的各种成本。可见商誉是一种不可单独买卖、不可辨认或确指的特殊的无形资产。

二、商誉入账价值的确定

商誉可以是由企业自己建立的，也可以是向外界购入的。但是，只有外购的商誉，才能确认入账。只有在企业兼并或购买另一个企业时，才能确认商誉。商誉的计价方法很多，也很复杂。通常在一个企业购买另一个企业时，经双方协商确定买价后，买价与卖方可辨认净资产公允价值的差额即为商誉。

有人主张，那些长期具有超额收益能力、超过同行业平均利润率的企业在自创商誉过程中，为了取得超额利润，付出了一定的代价和巨额支出，应将这些费用估价入账，确认为商誉。他们认为不这样做会违背信息的相关性和重要性原则，不能充分地将信息传递给使用者。因为自创商誉是实现企业未来经济利益的承担者之一，其价值不应在企业购并时才得以实现，并且具有自创商誉的企业往往生命力很强，如果该企业没有被购并，其商誉也无法体现，即使购并时体现，也只是反映在购买企业的账上，作为购买企业的资产。而购买企业购买入账的商誉不一定能为该企业的未来带来收益，如果商誉是被购并企业的管理业绩优越而形成，若购并后企业不能发扬被购并企业的管理水平，则可能会使企业经济效益下降。

在实务中，并不确认自创商誉。不过随着预测科学的进步，可以预测企业未来每年盈利能带来的现金流量，选择合理的贴现率，确定企业的收益能力；也可以通过对上市企业的股票市价总额与其重估价后的净资产对比确定企业的收益能力，据此来确定企业的商誉。目前一些西方国家已经在探讨自创商誉的问题。

三、商誉的摊销

商誉的价值如何摊销，在理论上有以下三种方法：

1.在取得商誉时，将其价值全部冲销所有者权益，而不作为资产处理。该种方法的理由是：商誉与其他资产不同，它无法辨认，不能与企业整体相分离，它不是资产，它与现金不同，不能单独买卖，所以在某种意义应收账款或固定资产等资产完全不同。

有人认为，外购商誉的会计处理应与自创商誉的会计处理一致。自创商誉的有关费用在发生时全部计入费用，而不作为资产，外购商誉也应同样处理。若将外购商誉的价值摊销，可能会导致重复记账。这是因为一方面通过摊销外购商誉已使本期净利润减少；另一方面为了保持企业的超额获利能力，企业还会发生一些支出，来维持或提高外购商誉的价值，而这些支出在发生时就计入当期费用，势必会使本期收入与商誉的费用相配比时发生重复。

这种方法还有一个理由，即外购商誉为企业带来的收益期间很难确定，无法将其价值在有限的期间摊销。

2.将外购商誉在账面上作为企业的资产，不摊销其价值，除非该资产发生减值。很多人都赞成这种观点，认为商誉具有无限的使用寿命，加上为了维护和提高该资产的价值，企业也在不断投入资源，除非有迹象表明，该企业获得超额利润的能力已下降，否则不应摊销其价值。另外，在摊销商誉时，因为期间不肯定，带有很大的主观性，势必会使本期净利润不真实。

3.将外购商誉作为资产入账，且将其价值在有效的使用年限摊销。赞成该种观点的人认为商誉的价值最终会消失，应该将其最初取得的成本分期计入其影响的期间，只有这样才符合会计的配比原则。

在实务中，较多采用第三个观点。在摊销商誉时，应根据法律的限定、行业竞争、技术进步等选择摊销年限。在美国，商誉的摊销年限最长不得超过40年。我国规定商誉的摊销期不超过10年。摊销商誉时，借记"管理费用"，贷记"无形资产——商誉"。

四、负商誉

当企业购并另一个企业时，所支付的价款低于被购并企业可辨认净资产的公允价值时，其差额为负值，称为负商誉。

负商誉与商誉一样，只有在企业购并时才能确认。购并另一个企业发生负商誉，可能是由于被购并企业的盈利能力确实很低，低于同行业的一般盈利水平，也有可能是交易市场发生变化使企业分别出售其资产比整体出售更有利，而使整个企业的价值低于其资产的公允价值。

在会计上，负商誉作为商誉的对立面，对其处理也有三种方法：

（一）作为递延收益，分期摊入各期损益

这种方法是商誉的反向处理。但这种方法的缺陷是使人难以理解。一方面，递延收益是负债，但负商誉并不具有负债的内在要求，它根本不存在债权人，企业将来也不需要付出资产或劳务去偿还；另一方面，将负商誉分期摊入各期收益，在无现金流入的情况下，使企业收益增加。

（二）在购并时，将负商誉全部增加所有者权益

这种处理实际上是将负商誉作为计价调整科目，直接调整企业的资本价值而不涉及企业的损益，避免了损益虚增的情况。

（三）按比例冲销非流动资产

直到非流动资产的账面价值为零，尚还有差额，则确认为递延贷项，分期摊入各期损益。该种方法比较谨慎，也避免了人为确定摊销期间，加大各期利润，使信息使用者难以理解的缺陷。

第五章 财务会计负债及所有权益管理分析

第一节 流动负债

一、流动负债的性质及分类

(一) 负债的含义

负债是指过去的交易、事项形成的现实义务,履行该义务预期会导致经济利益流出企业。负债包含以下三层含义:

1.负债是一项经济责任,或者说是一项义务,它需要企业进行偿还。例如,应付账款、应付票据及应付债券等,是典型意义上的负债;销售商应履行的在出售商品时订立的保证契约的责任,服务行业根据合同预收服务费后在规定的未来期限内提供服务的责任等。

2.清偿负债会导致企业未来经济利益的流出。负债最终都需要清偿,清偿的方式有很多种,大多数负债在将来须以现金支付清偿。也有一些负债则要求企业提供一定的商品或劳务来进行抵偿,如预收收入、售出商品的保证债务等。另外,有些负债项目到期时,还可能用新的负债项目来替代。例如,用短期应付票据替代应付账款,用新债券赎回旧债券等。无论用何种方式清偿,都会导致企业未来经济利益的流出。

3.负债是企业过去的交易、事项的一种后果,也就是说负债所代表的当前经济责任必须是企业过去发生的经济业务所引起的。不具有这一特征的预约协议等,都不能作为负债。例如,购货预约,它只是买卖双方就将来要进行的商品交易达成的协议,交易业务目前尚未实际发生,故并不构成当前债务责任。

二、流动负债的性质及计价

我国《企业会计准则》对流动负债的定义为:"流动负债是指将在一年(含一年)或超过一年的一个营业周期内偿还的债务,包括短期借款、应付票据、应付账款、预收账款、应付工资、应付福利费、应付股利、应交税金、其他暂收应付款项、预提费用和一年内到期的长期负债等"。

流动负债的基本特征就是偿还期较短,是企业筹集短期资金的主要来源。将流动负债与流动资产相比较,是判断和评估公司短期偿债能力的重要方法之一。所以,凡属一年或超过一年的一个营业周期内必须清偿的债务,在资产负债表上都必须列为流动负债,不论它最初是流动负债还是长期负债。

流动负债代表着企业未来的现金流出,从理论上说,应按照未来应付金额的贴现来计价。但是,流动负债涉及的期限一般较短,其到期值与其贴现值相差无几。为了简便起见,会计实务中一般都是按实际发生额入账。短期借款、带息的应付票据、短期应付债券应当按照借款本金和债券面值,按照确定的利率按期计算利息,计入当期的财务费用之中,体现为当期损益。

三、流动负债的分类

流动负债可以按不同的分类标准进行不同的划分。为了进一步认识流动负债的性质和特征,本节对流动负债按下列三种标志进行分类。

(一)按偿付手段划分

流动负债可以分为用货币资金偿还的流动负债和用商品或劳务偿付的流动负债两类:

1.用货币资金偿还的流动负债

此类流动负债的特点是债务到期时,企业须动用现金、银行存款或其他货币资金来偿还,如应付账款、应付票据、短期借款、应付工资、应交税金等。绝大部分的流动负债都属于此类。

2.用商品或劳务偿付的流动负债

此类流动负债的特点是债务到期时,企业须动用商品来偿还,或用劳务来抵付。主要是指预收的一些货物或劳务款项、售出产品的质量担保债务等。如预收款项、预计负债。

(二)按应付金额可确定的程度划分

流动负债可划分为可确定性流动负债和不可确定性流动负债即或有负债:

1.可确定的流动负债

负债是企业承担的现实义务,需要企业将来进行偿还。未来的事项都带有一定的不确定性，但不确定性的程度不同。可确定性流动负债是指不确定性很小，可以较为可靠地计量。其特点是债务的偿还到期日、应付金额等都是有契约或法律规定的。如应付账款、应付票据、长期债务中的流动部分、应付工资、应付福利费、存入保证金（押金）、预收收入及其他应付（暂收）款等。

2. 或有负债

或有负债即不可确定性流动负债，是指过去的交易和事项形成的潜在义务，其存在须通过未来不确定事项的发生或不发生予以证实，或过去的交易或事项形成的现实义务，履行该义务不是很可能导致经济利益流出企业或该义务的金额不能可靠地计量。其特点是这种负债虽确已存在，但没有确切的应付金额，有时甚至也无确切的偿还日期和收款人。因此，这类负债的应付金额就必须根据一定的办法（如以往经验、调研资料等）予以估计。如产品质量担保债务等。

（三）按流动负债产生的环节划分

流动负债按其产生的环节划分，可分为以下三类：

1. 产生于生产经营环节的流动负债

生产经营环节引起的流动负债，具体又包括两个方面：一是外部业务结算过程中形成的流动负债，如应付账款、应付票据、预收账款、应交税金（流转税）；二是企业内部结算形成的流动负债，如应付工资、应付福利费、预提费用等。

2. 产生于收益分配环节的流动负债

是指企业根据所实现的利润进行分配所形成的各种应付款项，如应交税金（所得税）、应付利润（股利）等。

3. 产生于融资环节的流动负债

是指企业从银行及非银行金融机构筹措资金所形成的流动负债，如短期借款、一年内到期的长期负债等。

第二节　流动负债核算

一、企业筹措资金过程中发生的流动负债

（一）短期借款

企业在生产经营中，经常会发生暂时性的资金短缺，为了生产经营的正常进行，需要向银行或其他金融机构取得一定数量的短期资金，由此形成了企业的短期借款。短期借款是指企业向银行或其他金融机构等借入的期限在一年以下（含一年）的各种借款。企业在借入短期借款时，应按实际借入金额，借记"银行存款"，贷记"短期借款"；归还借款时，借记"短期借款"，贷记"银行存款"。

企业使用银行或其他金融机构的资金,要支付一定的利息。企业取得短期借款是一项融通资金的行为,短期借款的利息应作为融通资金的费用计入当期损益。有关短期借款利息的会计核算,要按支付利息的方式不同而进行不同的会计处理。通常利息的支付有两种方式:一是到期连同本金支付,在这种情况下,根据会计的重要性原则,如果利息金额较大,需要按期计提利息,借记"财务费用",贷记"预提费用";如果金额不大,可以不分期预提,到期随同本金支付时,一次性计入财务费用。二是按期支付,在实际支付或收到银行的计息通知单时,直接计入当期损益,借记"财务费用",贷记"银行存款"或"现金"。

(二) 一年内到期的长期负债

企业为了扩大生产经营规模,进行固定资产投资,要举借大量长期负债。长期负债自资产负债表日起还有一年或超过一年的一个营业周期内的到期部分,虽然仍在长期负债账上,但应视为流动负债核算,这部分长期负债在资产负债表上应转列为流动负债。

必须注意,在下列两种情况下,一年内到期的长期负债不应视为流动负债:

1.它们的清偿无须动用流动资产或不会产生流动负债。其原因就在于,这部分负债在未来一年内无须以流动资产来支付。因此,如果即将到期的长期负债并不需要用流动资产来偿还,而是用专门积累起来的"偿债基金"偿还,则不能作为流动负债。

2.它们的清偿需要用新发行长期债券或新发行股票来调换,那么也无须转列为流动负债。

二、企业购销业务过程中发生的流动负债

(一) 应付票据

应付票据,亦称短期应付票据,是指债务人出具的承诺在一年或一个营业周期内的特定日期支付一定金额的款项给持票人的书面文件。在我国现行的会计制度中核算的应付票据,仅指承兑的商业汇票。

商业汇票是购货企业在正常经营活动中向销货企业出具的承诺在将来特定时日支付一定金额的期票(远期票据)。商业票据按照承兑人的不同,可分为银行承兑汇票和商业承兑汇票。由债务人的开户银行承兑的商业票据称为银行承兑汇票,由债务人直接承兑的商业票据称为商业承兑汇票。商业汇票的期限最长不得超过6个月。

应付票据按票面是否注明利率可分为带息票据和不带息票据两种:带息票据载明了票面利率,到期按票面金额(本金)与票面利率计算利息,与本金一并支付;不带息票据没有利息问题,票据到期时,债务人按票面金额支付即可。我国

企业多采用不带息票据。

企业应设置"应付票据"科目，进行应付票据的核算。由于票据期限较短，应付票据不论是否带息，一般均按面值入账。企业开出商业承兑汇票或以商业承兑汇票抵付货款、应付账款时。借记"物资采购""库存商品""应付账款""应交税金——应交增值税（进项税额）"等，贷记"应付票据"。支付银行承兑汇票的手续费时，借记"财务费用"，贷记"银行存款"。收到银行支付到期票据的付款通知时，借记"应付票据"，贷记"银行存款"。企业开出的应付票据如为带息票据，应于月份终了计算本月应付利息，借记"财务费用"，贷记本科目。票据到期支付本息时，按应付票据账面余额，借记"应付票据"，按未计的利息，借记"财务费用"，贷记"银行存款"。如果票据期限不长，利息不大，也可以于票据到期时，把利息一次性计入财务费用，不逐月计提。票据到期如果企业无能力偿付的，转作应付账款，借记"应付票据"，贷记"应付账款"。企业往来客户众多，为了加强应付票据管理，企业还应设置"应付票据备查簿"，详细登记每一应付票据的种类、号数、签发日期、到期日、票面金额、合同交易号、收款人姓名或单位名称，以及付款日期和金额等详细资料。应付票据到期付清时，应在备查簿内逐笔注销。应付票据备查簿的格式，各企业可根据需要自行设计。

（二）应付账款

1.应付账款的含义及其确认

应付账款是指企业因购买材料、商品、其他资产或接受外界提供的劳务而发生的债务，由于交易已成立而推迟付款时间所形成。

从理论上说，凡是购进商品的所有权转移到企业时，或企业实际使用外界提供的劳务时确认应付账款，但是应付账款的期限一般不长，而且，收到购货发票的时间同收到货物的时间往往很接近，在实际工作中，如果货物在发票之后到达，一般是等货物验收入库后才按发票价格入账，这样处理能避免在验收入库时发现货物的数量和质量与发票不符而带来的调账的麻烦，从而简化核算。但应注意的是，如果到期末，虽收到发票但仍未收到货物，为了配比原则，应根据发票价格，借记"物资采购"，贷记"应付账款"。反过来，如果到期末，收到货物而没有收到发票，也应对该货物进行暂估入账，借记"原材料"等，贷记"应付账款"。

2.应付账款的计价

应付账款的入账金额按发票价格计量，但是，在购货时存在现金折扣的，目前在理论上存在两种计量方法，即总价法和净价法。

按总价法核算，应付账款是按扣除现金折扣之前的发票价格入账，如在折扣期内付款而享受的现金折扣，视为一种理财收益。按净价法核算，应付账款是按扣除现金折扣之后的发票价格入账，如在超过折扣期付款而丧失现金折扣，作为一种理财损失处理。在我国目前不允许企业采用净价法处理应付账款。

3.应付账款的会计核算

企业购入材料、商品等验收入库，但货款尚未支付时，应根据有关凭证，如发票账单、随货同行发票等，按凭证上记载的实际价款，或在未取得有关凭证时，按照暂估价登记入账。借记"物资采购""原材料""库存材料""库存商品""应交税金——应交增值税（进项税额）"等，贷记"应付账款"。

企业接受供应单位提供的劳务而发生的应付未付款项，应根据供应单位的发票账单，借记"生产成本""管理费用"等，贷记"应付账款"。实际支付时，借记"应付账款"，贷记"银行存款"等。如果企业开出承兑商业汇票抵付应付账款，借记"应付账款"，贷记"应付票据"。

在购销业务过程中，购货单位也可能在购货业务发生之前先期预付一定货款。在这种情况下，为了集中反映购货业务所形成的结算关系，企业按规定预付供货单位货款时，借记"应付账款"，贷记"银行存款"等。待购货业务实际发生，材料、商品验收入库时，再根据有关发票账单的应付金额，借记"原材料""库存商品""应交税金——应交增值税（进项税额）"等，贷记"应付账款"。补付货款时，再借记"应付账款"，贷记"银行存款"等。应付账款一般在较短时间内应支付，但有时由于债权单位撤销或其他原因而无法支付的应付账款应作为企业的一项额外收入，将其列入营业外收入处理。

（三）预收账款

预收账款是指企业按照合同规定向购货单位或个人预先收取的款项。企业在销售商品或提供劳务前预先向对方收取款项，通常在预收款项后的一年或超过一年的一个营业周期内交付商品或提供劳务。在企业的生产经营中，发生预收款项是很经常的事情。如企业按照规定向购货单位预收购货款、向建设单位预收工程款、预收委托单位的开发建设资金、向个人预收的购房定金以及向发包单位预收的备料款和工程款等都属于企业的预收账款。企业为了核算预收的款项的结算情况，应设置"预收账款"账户来进行预收款项的核算。当企业收取预收款项时，借记"银行存款"科目，贷记"预收账款"科目。商品产品完工交给购货单位或与建设单位结算工程价款时，借记"预收账款"科目，贷记"主营业务收入""工程结算收入"等科目。在一般情况下，企业先预收将来实际销售商品或提供劳务的价款的一部分，等企业实际发出商品或完成劳务时，再收回另一部分销售商品款或劳务款项。在进行会计处理时，为了反映业务的完整性和方便会计记账凭证的编制，企业发出商品或完成劳务时，按商品或劳务的全部价款，借记"预收账款"科目，贷记"主营业务收入"科目；再按照全部款项与预收的款项的差额，借记"银行存款"科目，贷记"预收账款"科目。

三、企业在生产过程中形成的流动负债

（一）应付工资

应付工资是指企业应付给职工的工资总额。包括在工资总额内的各种工资、奖金、津贴等，它是企业在一定时期内支付给全体职工的劳动报酬总额。不论是否在当月支付，都应通过本科目核算。不包括在工资总额内的发给职工的款项，如医药费、福利补助、退休金等，不在本科目核算。工资的结算是由财务部门根据人事部门、劳动工资部门转来的职工录用、考勤、调动、工资级别调整等情况的通知单，以及有关部门转来的带扣款项通知单编制工资单（亦称工资结算单、工资表、工资计算表等），计算各种工资。工资单的格式由企业根据实际情况自行规定。财会部门将"工资单"进行汇总，编制"工资汇总表"，按照规定手续向银行提取现金，准备支付工资。企业实际支付工资时，借记"应付工资"，贷记"现金"。从应付工资中扣还的各种款项（代垫的房租等），借记"应付工资"，贷记"其他应收款"。职工在规定期限内未领取的工资，应由发放工资的单位及时交回财会部门，借记"现金"，贷记"其他应付款"。月份终了，应将本月应发的工资进行分配：

1.生产、施工、管理部门的人员（包括炊事人员）工资，借记"生产成本""管理费用"，贷记"应付工资"；

2.采购、销售费用开支的人员工资，借记"营业费用"，贷记"应付工资"；

3.应由在建工程负担的人员工资，借记"在建工程"，贷记"应付工资"；

4.应由工会经费开支的工会人员的工资，借记"其他应付款"，贷记"应付工资"；

5.应由职工福利费开支的人员工资，借记"应付福利费"，贷记"应付工资"。

（二）应付福利费

在我国，为了保障职工身体健康，改善职工福利待遇，规定企业必须为职工的福利准备资金。职工福利方面的资金来源有两个渠道：一是从费用中提取；二是从税后利润中提取。从费用中提取的福利费计入"应付福利费"核算，主要用于职工的个人福利（目前我国不允许外商投资企业在税前计提福利费，外商投资企业职工的个人福利支出从税后计提的职工奖励及福利基金中列支）。从税后提取的福利费计入"盈余公积——公益金"，主要用于职工的集体福利设施的建设。目前，应付福利费是按照企业应付工资总额的14%提取，其应付工资总额的构成与统计上的口径一致，不做任何扣除。应付福利费主要用于职工的医药费、医护人员的工资、医务经费、职工因工负伤赴外地就医路费、职工生活困难补助、职工浴室、理发室、幼儿园、托儿所人员等的工资，以及按国家规定开支的其他职工

福利支出。提取职工福利费时，借记"有关费用成本"科目，贷记"应付福利费"科目。支付职工医药费、职工困难补助和其他福利费以及应付的医务、福利人员工资等，借记"应付福利费"科目，贷记"银行存款""应付工资"等科目。期末应付福利费的结余，在"资产负债表"的流动负债项目应付福利费中单独列示。

（三）预提费用

按照权责发生制原则，企业在日常生产经营中经常要对有些费用进行预提，原因是有些费用的发生期间并不一定实际支付，在发生与支付的时间上可能会存在差异。如企业固定资产大修理费，在平时固定资产并不需要进行大修理，但实际进行大修理时支出往往比较大，而此大修理并不是由大修理当期一次性造成的，在大修理期以前各期虽然没有大修理支出，但也要确认固定资产大修理费。按期预提计入费用的金额，同时也形成一笔负债，在会计核算中设"预提费用"科目。将有关的预提费用预提入账时，借记"有关费用"科目，贷记"预提费用"科目；预提的费用实际支出时，借记"预提费用"科目，贷记"银行存款"或"现金"等科目。"预提费用"科目的期末余额一般在贷方，反映实际预提但尚未支出的费用数额。

（四）其他应付款

其他应付款是指与企业的经营活动有直接或间接相关的应付、暂收其他单位或个人的款项。主要包括：应付经营性租入固定资产和包装物的租金、存入保证金（如收取包装物押金）、职工未按时领取的工资等。这些应付、暂收款项形成了企业的流动负债，在会计核算中设置"其他应付款"科目。企业发生的上述各种应付、暂收款项，借记"银行存款""管理费用""财务费用"等科目，贷记"其他应付款"科目；支付时，借记"其他应付款"科目，贷记"银行存款"等科目。"其他应付款"科目应按应付和暂收等款项的类别和单位或个人设置明细账，进行明细分类核算。

四、企业在分配过程中形成的流动负债

在企业生产经营的各个阶段，都要向国家交纳各种税金。企业应交的税款，在上交前暂时停留在企业，构成企业的流动负债；此外企业在许多情况下还以代理人的身份代理国家向纳税人征收某种税款，然后再上交给国家，承担代收代交税款的义务。企业的应交税金项目很多，虽然应交所得税也在应交税金科目下核算，但是考虑到应交所得税会计处理比较复杂，本书将把它放到后面专章讲述。本节只讲述生产经营环节应交纳的税金，包括增值税、消费税、营业税、城市维护建设税、资源税、房产税、车船使用税、土地使用税、土地增值税、固定资产投资方向调节税等，此外还应交纳耕地占用税和印花税。后两种税是在税款发生

时，便向税务部门交纳，不形成企业的短期负债。企业除了交纳各种税金外，还应交纳教育费附加、车辆购置附加费等款项。企业应根据规定的计税依据、税率等有关资料计算出应纳税款，并按期向税务机关填报纳税申报表，填列纳税缴款书，由税务部门审核后，向当地代理金库的银行缴纳税款。各种税款的缴纳期限一般是根据税额的大小，由税务部门分别核定，企业逐期计算纳税，或按月预交，年终汇算清缴，多退少补。

（一）增值税

增值税是就销售货物或提供应税劳务征税的一种税种。按照增值税暂行条例的规定，一般纳税企业购入货物或接受应税劳务支付的增值税（即进项税额），可以从其销售货物或提供劳务规定收取的增值税（即销项税额）中抵扣。但是，如果企业购入货物或者接受应税劳务，没有按照规定取得并保存增值税扣税凭证（如增值税专用发票），或者增值税扣税凭证上未按照规定注明增值税额及其他有关事项的，其进项税额不能从销项税额中抵扣。会计核算中，如果企业购进货物或接受应税劳务支付的增值税额不能作为进项税额扣税，其已支付的增值税就应记入购入货物或接受劳务的成本。

企业为了对应交增值税进行会计明细核算，在"应交税金"科目下设置"应交增值税"明细科目进行核算。企业在"应交增值税"明细账内，设置"进项税额""已交税金""转出未交增值税""减免税款""销项税额""出口退税""进项税额转出""出口抵免内销产品应纳税额""转出多交增值税"九个专栏。同时在"应交税金"明细科目下设"未交增值税"明细科目，期末把应交未交或多交的增值税从"应交增值税"科目转到"未交增值税"科目并按有关规定进行核算。小规模纳税人只需设置"应交增值税"明细科目，不需要在"应交增值税"科目下设置专栏。

"进项税额"专栏——记录企业购入货物或接受应税劳务而支付的、准予从销项税额中抵扣的增值税额。企业购入货物或接受应税劳务支付的进项税额，用蓝字登记；退回所购货物应冲销的进项税额，用红字登记。

"已交税金"专栏——记录企业已交纳的增值税额。企业已交纳的增值税额用蓝字登记；退回多交的增值税额用红字登记。

"转出未交增值税"专栏——记录企业月度终了，将应交未交的增值税额，从本科目转到未交增值税明细科目。

"减免税款"专栏——记录企业按规定减免的增值税额。

"销项税额"专栏——记录企业销售货物或提供应税劳务应收取的增值税额。企业销售货物或提供应税劳务应收取的销项税额，用蓝字登记；退回销售货物应冲销的销项税额，用红字登记。

"出口退税"专栏——记录企业出口货物,向海关办理出口报关手续后,凭出口报关单等有关凭证,向税务机关申报办理出口退税而收到退回的税款。出口货物退回的增值税额,用蓝字登记;出口货物办理退税后发生退货或者退关而补交已退的税款,用红字登记。

"进项税额转出"专栏——记录企业的购进货物。在产品、产成品等发生非正常损失以及其他原因而不应从销项税额中抵扣,按规定转出的进项税额。

"出口抵减内销产品应纳税额"专栏——实行"免、抵、退"办法有进出口经营权的生产性企业,按规定计算的当期应予抵扣的税额计入本科目。

"转出多交的增值税"专栏——记录在月度终了,企业多交的增值税额。

"未交增值税"明细科目——月度终了,企业把本期应交未交或多交的增值税从应交增值税科目转到该明细科目,该科目的借方反映多交的增值税,贷方反映应交未交的增值税。

1.一般纳税企业购销业务的账务处理

实行增值税的一般纳税企业具有以下特点:一是企业销售货物或提供劳务可以开具增值税专用发票(或完税凭证或购进免税农产品凭证或收购废旧物资凭证,下同);二是购入货物取得的增值税专用发票上注明的增值税额可从销项税额中抵扣;三是如果企业销售货物或者提供劳务采用销售额和销项税额合并定价方法的,按公式"销售额=含税销售额÷(1+税率)"还原为不含税销售额,并按不含税销售额计算销项税额。有关购销业务的具体处理详述如下:

国内采购的物资,按专用发票上注明的增值税,借记"应交税金——应交增值税(进项税额)",按专用发票上记载的应计入采购成本的金额,借记"物资采购""生产成本""管理费用"等,按应付和实际支付的金额,贷记"应付账款""应付票据""银行存款"等。购入物资发生退货时,做相反会计处理。

接受投资转入的物资,按专用发票上注明的增值税,借记"应交税金——应交增值税(进项税额)",按确定的价值,借记"原材料"等,按其在注册资本中所占有的份额,贷记"实收资本"或"股本",按其差额,贷记"资本公积"。

接受应税劳务,按专用发票上注明的增值税,借记"应交税金——应交增值税(进项税额)",按专用发票上记载的应当计入加工、修理、修配等劳务成本的金额,借记"生产成本""委托加工物资""管理费用"等,按应付或实际支付的金额,贷记"应付账款""银行存款"等。

进口货物,按海关提供的完税凭证上注明的增值税,借记"应交税金——应交增值税(进项税额)",按进口物资应计入采购成本的金额,借记"物资采购""库存商品"等,按应付或实付的金额,贷记"应付账款""银行存款"等。

销售物资或提供应税劳务,按实现的营业收入和按规定收取的增值税额,借记"应收账款""应收票据""银行存款""应收股利"等,按专用发票上注明的增值税额，贷记"应交税金——应交增值税（销项税额）"，按实现的营业收入，贷记"主营业务收入"等。发生销售退回时，做相反的处理。

2.一般纳税企业购入免税产品的账务处理

企业购入免税农产品，按照增值税暂行条例规定，对农业生产者自产的农业产品、古旧图书等部分项目的销售免征增值税。企业销售免征增值税项目的货物，不能开具增值税专用发票，只能开具普通发票。企业购进免税产品，一般情况下不能扣税，但按税法规定，对于购入的免税农业产品、收购的废旧物资等可以按买价（或收购金额）的10%计算进项税额，并准予从销项税额中抵扣。这里购入免税农业产品的买价，是指企业购进免税农业产品支付给农业生产者的价款和按规定代收代缴的农业特产税。在会计核算时，按购入农产品的买价和规定的税率计算的进项税额，借记"应交税金——应交增值税（进项税额）"，按买价减去按规定计算的进项税额后的差额，借记"物资采购""库存商品"等，按应付或实际支付的价款，贷记"应付账款""银行存款"等。

3.小规模纳税企业的账务处理

增值税暂行条例将纳税人分为一般纳税人和小规模纳税人。小规模纳税人的特点：一是小规模纳税人销售货物或者提供应税劳务，一般情况下只能开具普通发票，不能开具增值税专用发票；二是小规模纳税人销售货物或者提供应税劳务，实行简易办法计税，按照销售额的6%或4%计算；三是小规模纳税人的销售额不包括其应纳税额，采用销售额和应纳税额合并定价的方法的，应按照公式"销售额=含税销售额÷（1+征收率）"还原为不含税销售额。

小规模纳税人和购入物资及接受劳务直接用于非应税项目或直接用于免税项目以及直接用于集体福利和个人消费的，其专用发票上注明的增值税，计入购入物资及接受劳务的成本，不通过"应交税金——应交增值税（进项税额）"科目核算。

4.进出口货物的账务处理

企业进口货物，按照组成计税价格和规定的增值税率计算应纳税额。在会计核算时，进口货物交纳的增值税，按海关提供的完税凭证上注明的增值税额，借记"应交税金——应交增值税（进项税额）"，按进口物资应计入采购成本的金额，借记"物资采购""库存商品"等，按应付或实际支付的金额，贷记"应付账款""银行存款"等。其具体会计处理方法与国内购进货物的处理方法相同。

我国企业出口货物实行零税率政策，不仅出口货物的销项税额为零，而且企业购入货物时的进项税额也要退回。按照增值税暂行条例规定：纳税人出口货物，向海关办理出口手续后，凭出口报关单等有关凭证，可以按月向税务机关申报办理该项出口货物的退税。具体的出口退税应按以下规定处理。

第一，实行"免、抵、退"办法，有进出口经营权的生产性企业，按规定计算的当期出口物资不予免征、抵扣的税额，计入出口物资成本，借记"主营业务成本"，贷记"应交税金——应交增值税（进项税额转出）"。按规定计算的当期应予抵扣的税额，借记"应交税金——应交增值税（出口抵减内销产品应纳税额）"，贷记"应交税金——应交增值税（出口退税）"。因应抵扣的税额大于应纳税额而未全部抵扣的税款，借记"应收补贴款"，贷记"应交税金——应交增值税（出口退税）"；实际收到退税款时，借记"银行存款"，贷记"应收补贴款"。

第二，未实行"免、抵、退"的企业，物资出口销售时，按当期出口物资应收的款项，借记"应收账款"，按规定计算的应收出口退税，借记"应收补贴款"，按规定计算的不予退回的税金，借记"主营业务成本"，按当期出口物资实现的收入，贷记"主营业务收入"，按规定计算的增值税，贷记"应交税金——应交增值税（销项税额）"。收到退回的税款时，借记"银行存款"，贷记"应收补贴款"。

5.视同销售的账务处理

按照增值税暂行条例实施细则的规定，（1）对于企业将货物交付他人代销，销售代销货物；（2）将自产或委托加工的货物用于非应税项目；（3）将自产、委托加工或购买的货物作为投资提供给其他单位或个体经营者；（4）将自产、委托加工或购买的货物分配给股东或投资者；（5）将自产、委托加工的货物用于集体福利或个人消费等行为，应视同销售货物，需计算交纳增值税，按成本转账，借记"在建工程""长期股权投资""应付福利费""营业外支出"等，贷记"应交税金——应交增值税（销项税额）""库存商品""委托加工物资"等。另外，对于视同销售货物的行为，虽然会计核算不作为销售处理，但需要按规定计算交纳增值税，对（1）、（3）、（4）项还需要开具增值税专用发票，计入"应交税金——应交增值税"科目中的"销项税额"专栏。

6.不予抵扣的账务处理

按照增值税暂行条例及其实施细则的规定，不予抵扣的项目包括：购进固定资产，用于非应税项目的购进货物或者应税劳务，用于免税项目的购进货物或者应税劳务，用于集体福利或者个人消费的购进货物或者应税劳务，非正常损失的购入货物，非正常损失的在产品、产成品所耗用的购进货物或者应税劳务等。对于按规定不予抵扣的进项税额的账务处理视具体情况采用不同的方法。属于购入货物时即能认定其进项税额不能抵扣的，如购进固定资产，以及购入的货物直接用于免税项目，或者直接用于非应税项目，或者直接用于集体福利和个人消费的，其增值税专用发票上注明的增值税额，记入购入货物及接受劳务的成本。

7.上交增值税的处理

企业上交增值税时，按实际上交金额，借记"应交税金——应交增值税（已交税金）"，贷记"银行存款"科目。

8.期末应交未交或多交增值税的处理

月度终了，将本月应交未交或多交的增值税额从"应交税金——应交增值税"账户转到"应交税金——未交增值税"账户。未交的增值税，借记"应交税金——应交增值税（转出未交增值税）"科目，贷记"应交税金——未交增值税"科目；多交的增值税，借记"应交税金——未交增值税"科目，贷记"应交税金——应交增值税（转出多交增值税）"科目。

（二）消费税

消费税是对在我国境内生产、委托加工和进口应税消费品的单位和个人征收的一种税。其目的是正确引导消费，调节消费结构。消费税实行从价定率和从量定额的办法计算应纳税额。

实行从价定率办法计算的应纳税额=销售额×税率

实行从量定额办法计算的应纳税额=销售数量×单位税额

纳税人销售的应税消费品，以外汇计算销售额的，应当按外汇市场价格折合成人民币计算应纳税额。

从价定率计算应纳税额的税基销售额，是指不含增值税的销售额。如果企业应税消费品的销售额中未扣除增值税税额，或者因不能开具增值税专用发票而发生价款和增值税款合并收取的，在计算消费税时，按公式"应税消费品的销售额=含增值税的销售额÷（1+增值税率或征收率）"换算为不含增值税税款的销售额。

应纳税额的销售数量是指应税消费品的数量。属于销售应税消费品的，为应税消费品的销售数量；属于自产自用应税消费品的，为应税消费品的移送使用数量；属于委托加工应税消费品的，为纳税人收回的应税消费品数量；进口的应税消费品，为海关核定的应税消费品进口征税数量。

为了进行消费税的会计核算，应在"应交税金"科目下设置"应交消费税"明细科目。下面分几种情况讲述消费税的会计核算：

1.销售应税消费品的会计处理

消费税实行价内征收，企业交纳的消费税计入主营业务税金及附加抵减产品主营业务收入。企业在销售应税消费品时，借记"主营业务税金及附加"等，贷记"应交税金——应交消费税"。企业把应税消费品用于福利支出、在建工程、长期股权投资等视同销售的行为，企业视销售消费品的情况不同，分别借记"应付福利费""长期股权投资""固定资产""在建工程""营业外支出"等，贷记"应交税金——应交消费税"。

2.委托加工应税消费品的会计处理

按照税法规定，需要交纳消费税的委托加工物资，由受托方代收代交税款。其具体的会计核算分两种情况。一是委托加工的应税消费品收回后，委托方用于连续生产应税消费品的，所纳税款准予按规定抵扣。值得注意的是，这里的委托加工应税消费品，是指由委托方提供原料和主要材料，受托方只收取加工费和代垫部分辅助材料加工的应税消费品。对于由受托方提供原材料生产的应税消费品，或者受托方先将原材料卖给委托方，然后再接受加工的应税消费品，以及由受托方以委托方名义购进原材料生产的应税消费品，都不作为委托加工应税消费品，而应当按照销售自制应税消费品交纳消费税。二是委托加工的应税消费品收回后，委托方直接出售的，不再征收消费税。

在进行会计处理时，需要交纳消费税的委托加工应税消费品，于委托方提货时，由受托方代扣代交税款。受托方按应扣税款金额，借记"应收账款""银行存款"等科目，贷记"应交税金——应交消费税"科目。委托加工应税消费品收回时，直接用于销售的，委托方应将代扣代交的消费税计入委托加工的应税消费品成本，借记"委托加工物资""生产成本"等，贷记"应付账款""银行存款"等，待委托加工的应税消费品销售时，不需要再交纳消费税；委托加工的应税消费品收回后用于连续生产应税消费品，按规定准予抵扣的，委托方应按代扣代交的消费税款，借记"应交税金——应交消费税"，贷记"应付账款""银行存款"等，待用委托加工的应税消费品生产出应纳消费税的产品销售时，再交纳消费税。

3.进出口消费品的会计处理

需要交纳消费税的进口物资，其交纳的消费税应计入该项物资的成本，借记"固定资产""原材料""库存商品"等，贷记"银行存款"。免征消费税的出口物资应分别视不同情况进行会计处理：属于生产企业直接出口或通过外贸公司出口的物资，按规定直接予以免税的，可不计算应交消费税；属于委托外贸企业代理出口应税消费品的生产企业，应在计算消费税时，按应交消费税额，借记"应收账款"，贷记"应交税金——应交消费税"。应税消费品出口收到外贸企业退回的税金，借记"银行存款"，贷记"应收账款"。发生退关、退货而补交已退的消费税，做相反的会计分录。

（三）营业税

营业税是对提供应税劳务、转让无形资产或者销售不动产的单位和个人征收的一种流转税。营业税按营业额和规定的税率计算应纳税额，计算公式是：

应纳税额=营业额×税率

企业应在"应交税金"科目下设置"应交营业税"明细科目进行营业税会计核算。按其营业额和规定的税率，计算应交纳的营业税，借记"主营业务税金及附加"等科目，贷记"应交税金——应交营业税"。

企业销售不动产交纳营业税时，借记"固定资产清理"科目，贷记："应交税金——应交营业税"科目核算。企业转让无形资产交纳营业税时，借记"其他业务支出"科目，贷记："应交税金——应交营业税"科目核算。

(四) 房产税、土地使用税、车船使用税和印花税

房产税是国家在城市、县城、建制镇和工矿区征收的由产权所有人缴纳的税。房产税依照房产原值一次减除10%至30%后的余额为基数，按税率1.2%计算交纳。没有房产原值作为依据的，由房产所在地税务机关参考同类房产核定；房产出租的，以房产租金收入的12%为房产税的计税依据。

土地使用税是国家为了合理利用城镇土地，调节土地级差收入，提高土地使用效益，加强土地管理而开征的一种税。土地使用税以纳税人实际占用的土地面积为计税依据，依照规定税额计算征收。

车船使用税由拥有并且使用车船的单位和个人交纳。车船使用税按照适用税额计算交纳。

印花税是以因从事经济活动、财产产权转移、权利许可证照的授受等书立、领受、使用应税凭证的行为为征税对象而征收的一种税。实行由纳税人根据规定自行计算应纳税额，购买并一次贴足印花税票的交纳方法。应纳税凭证包括购销、加工承揽、建设工程承包、财产租赁、货物运输、仓储保管、借款、财产保险、技术合同或者具有合同性质的凭证；产权转移书据；营业账簿；权利、许可证照等。纳税人根据应纳税凭证的性质，分别按比例税率或者按件定额计算应纳税额。

企业按规定计算应交的房产税、土地使用税、车船使用税，借记"管理费用"，贷记"应交税金——应交房产税、土地使用税、车船使用税"；上交时，借记"应交税金——应交房产税、土地使用税、车船使用税"，贷记"银行存款"。

企业交纳印花税时，直接借记"管理费用"或"待摊费用"，贷记"银行存款"，不需要通过"应交税金"科目。

第三节 长期负债

一、长期负债的性质及分类

(一) 长期负债的概念及性质

长期负债是指偿付期超过一年或一个营业周期的负债。长期负债除具有负债的一般特征外，还具有金额大、期限长、可以分期偿还的特征。企业为了满足生产经营的需要，特别是在企业扩展阶段，往往需要大量的长期资金。长期负债作为企业一项义务，应流出现金或其他经济资源的结算期限较长，因而长期负债成为企业筹措资金的一种重要方式。企业筹措长期负债资金，一般多用于添置大型机器设备，购置房地产，或者改建、扩建厂房等方面。

对企业来说通过举债来筹措长期资金，比从所有者那里获取长期资金有下列

优势：

第一，作为长期负债的债权人在企业经营中不具有管理权和表决权，不会稀释大股东对企业的控制权。

第二，企业举债不会影响企业原有的股权结构，他们仅仅按照固定的利率获取利息，不参与利润的分配。因此，不会因举债而减少每股收益率，从而影响股票的价格。

第三，长期负债的利息支出可以作为费用从税前利润中扣除。从而减少所得税的开支，享受税收的优惠，相当于国家让出一块税金帮助企业还债。而股利只能从税后利润中支付。

但是，长期负债也有其不利的一面：一是不管企业经营得好坏，企业都将按照固定的利率向债权人支付利息，在投资报酬低于资金成本时，会减少股东股本收益率。二是长期负债到期时一次性支付的资金数额较大，在企业资金困难时，有被债权人申请破产还债的风险。三是在企业破产还债时，债权人与股东相比对破产资产有优先受偿权。

（二）长期负债的分类

根据企业举借长期负债形式不同，长期负债可以分为以下三类：

1.长期借款，是指企业从银行或其他金融机构借入的，偿还期在一年（不含一年）以上的各种借款，包括人民币长期借款和外币长期借款。

2.应付债券，亦称长期应付债券或应付公司债券，是指企业以发行债券的方式筹措资金而形成的长期负债。债券是指发行人依照法定程序发行的、承诺在一定时期内偿还本金和按照固定利率支付利息的一种债务凭证。

3.长期应付款，核算企业除长期借款和应付债券以外的其他长期应付款项，主要包括采用补偿贸易方式引进国外设备应付的价款和融资租入固定资产应付给出租方的租赁费。

二、长期负债的核算

（一）长期借款

长期借款主要是指企业从银行或其他金融机构借入的偿还期限在一年以上的借款。为了核算企业的长期借款，会计准则规定设置"长期借款"科目。企业在取得长期借款时，借记"银行存款"科目，贷记"长期借款"科目。因长期借款而发生的利息支出，应按照权责发生制原则按期预提。根据《企业会计准则——借款费用》准则的规定，如专项用于固定资产投资的，在固定资产购建期间进行借款费用资本化，借记"在建工程"科目，贷记"长期借款"科目。固定资产竣工交付使用后，借款利息计入财务费用。如非专项用于固定资产投资的长期借款利息，进行借款费用化，借记"财务费用"科目，贷记"长期借款"科目。归还本息时，借记"长期借款"科目，贷记"银行存款"科目。

（二）应付债券

企业债券是指企业为了筹集长期使用资金而按照法定程序对外发行的、约定在一定期限内还本付息的一种书面凭证。企业债券要载明企业的名称、债券面值、票面利率、还本期限和方式、利息支付的方式、发行日期等。按照债券的发行价格与面值的大小，债券有三种发行方式，即溢价发行、平价发行和折价发行。由于债券的发行价格受票面利率和市场利率的影响，当票面利率高于市场利率时，债券的发行价格就会超过债券面值，按超过债券面值的价格发行称为溢价发行；当票面利率等于市场利率时，债券的发行价格就会等于债券面值，此时称为平价发行，也叫面值发行；当债券的票面利率低于市场利率时，债券的发行价格就会低于债券面值，称为折价发行。

为了核算企业的长期债券，企业设置"应付债券"科目，在该科目下设置"债券面值""债券溢价""债券折价"和"应计利息"四个明细科目。

1.债券发行时的账务处理

债券按平价发行时，按实际收到的价款，借记"银行存款"；按债券的面值，贷记"应付债券——债券面值"。债券按溢价发行时，按实际收到的价款，借记"银行存款"等；按债券的面值，贷记"应付债券——债券面值"；按超过债券面值的溢价，贷记"应付债券——债券溢价"。企业按折价发行的债券，按实际收到的金额，借记"银行存款"等；按债券券面金额与实际收到金额之间的差额，借记"应付债券——债券折价"；按券面金额，贷记"应付债券——债券面值"。企业债券发行时，如果发行费用大于发行期间冻结资金的利息收入，按发行费用减去发行期间冻结资金的利息收入的差额计入财务费用。如是所筹款项用于固定资产项目的，则要按照借款费用资本化的处理原则，进行借款费用资本化，计入固定资产成本。如果发行费用小于发行期间冻结资金的利息收入，按发行期间冻结资金所产生的利息收入减去发行费用的差额，作为发行债券的溢价收入，在债券存续期间，计提利息时摊销。

2.计息与到期还本付息时的会计处理

企业债券应按期计提利息。按面值发行债券应提的利息，借记"在建工程"或"财务费用"，贷记"应付债券——应计利息"。企业溢价或折价发行债券，其实际收到的金额与债券票面金额的差额，应在债券存续期内按实际利率法或直线法进行分期摊销。溢折价要在利息计提时进行摊销。在溢价发行的情况下，按应摊销的溢价金额，借记"应付债券——债券溢价"；按应计利息与溢价摊销额的差额，借记"在建工程"或"财务费用"；按应计利息，贷记"应付债券——应计利息"。在折价发行的情况下，按应摊销的折价金额和应计利息之和，借记"在建工程"或"财务费用"；按应摊销的折价金额，贷记"应付债券——债券折价"；按应计利息，贷记"应付债券——应计利息"。债券到期实际支付债券本息时，借记"应付债券——债券面值"和"应付债券——应计利息"，贷记"银行存款"。

3.溢价和折价的摊销

债券溢价和折价的摊销方法有两种，即直线法和实际利率法。

（1）直线法

企业采取直线法进行溢折价的摊销，就是把债券的溢折价按照债券的期限平均分摊，每期的摊销数额相等，此方法的特点是计算比较简单。

（2）实际利率法

企业采取实际利率法进行溢折价的摊销的，每期确认的利息费用为应付债券账面价值与实际利率的乘积，每期确认的应付利息为应付债券的面值与票面利率的乘积，每期溢折价的摊销额为每期的利息费用与应付利息的差额。采用实际利率法在计算实际利率时，要按照债券利息的偿还方式不同采用不同的公式。

①分次付息，一次还本方式

债券面值±债券溢折价=债券到期应付本金的贴现值+各期实付的债券利息的贴现值

②到期一次还本付息方式

债券面值±债券溢折价=债券到期应付本息和的贴现值

4.可转换公司债券的会计处理

可转换公司债券是指发行人依照法定程序发行的、在一定期限内依据约定的条件转换成发行公司股份的债券。可转换公司债券的最大特点是，可转换公司债券的持有人在可转换期间有选择权，即当该公司的股票价格较高时，可以把手中的债券转换成股票；相反如果股价较低，就可以不行使转换权，到期收回债券的本息。因此可转换公司债券对投资人来说具有更大的吸引力，而对发行人来说，则减少了到期要一次性支付大量资金的困难。利用可转换公司债券筹资越来越受到企业的青睐。企业在进行可转换公司债券的会计核算时，应设置"可转换公司债券"科目。企业发行可转换公司债券时，按照发行一般的公司债券进行处理。对于可转换公司债券的计息和溢折价摊销，在可转换公司债券的持有人行使转换权利之前，应按一般公司债券的处理方法进行会计处理，按期计息并进行溢折价的摊销。当可转换公司债券的持有人行使转换权时，应按其账面价值转换，借记"可转换公司债券"科目；按转换的股份面值，贷记"股本"科目；按转换公司债券时向债券持有人支付的现金，贷记"现金"科目；按可转换公司债券的价值与转换的股份面值的差额，减去支付的现金的余额，贷记"资本公积"科目。如果可转换公司债券的持有人在可转换期间没有行使其转换权，企业应像一般债券一样到期还本付息，借记"可转换公司债券"科目，贷记"银行存款"科目。

（三）长期应付款项

长期应付款项是指企业除长期借款和应付债券以外的其他各种长期应付款项。主要包括采用补偿贸易方式下的应付引进国外设备款和融资租入固定资产应付款等。企业对其进行会计核算时，应设置"长期应付款"科目，在该科目下设"应付引进设备款"和"应付融资租赁款"两个明细科目。

1.应付引进设备款

企业按照补偿贸易方式引进设备时，应按设备的外币金额（包括设备及随同设备进口的工具、零配件等的价款以及国外的运杂费）和规定的折合率折合为人民币金额，借记"在建工程"，贷记"长期应付款——应付引进设备款"。企业用人民币借款支付设备的进口关税、国内运杂费和安装费时，借记"在建工程"，贷记"银行存款""长期借款"等。按补偿贸易方式引进的国外设备交付生产使用时，应将其全部价值（包括设备价款和国内费用），借记"固定资产"，贷记"在建工程"。归还引进设备款时，借记"长期应付款——应付引进设备款"，贷记"银行存款"等。随同设备购进的专用工具和零配件等，应于交付使用时，借记"原材料""低值易耗品"等，贷记"在建工程"。

2.应付融资租赁款的核算。

略。

（四）专项应付款

专项应付款是指企业接受国家拨入的具有专门用途的拨款，如专项用于技术改造、技术研究等，以及从其他来源取得的款项。为了核算专项应付款，企业应设置"专项应付款"科目。在实际收到专项应付款时，借记"银行存款"，贷记"专项应付款"。拨款项目完成后，按照形成各项固定资产部分的实际成本，借记"固定资产"，贷记"银行存款""现金"等，同时，借记"专项应付款"，贷记"资本公积"。未形成固定资产需核销的部分，借记"专项应付款"，贷记有关科目。拨款项目完工后，如拨款结余需上交的，借记"专项应付款"，贷记"银行存款"。

三、借款费用

（一）借款费用的概念

从制定有借款费用会计准则的国家以及国际会计准则来看，均对借款费用做了定义。大多数国家和地区对借款费用的定义与《国际会计准则第23号——借款费用》基本相同，即认为，"借款费用，是指企业借入资金而发生的利息和其他费用"。

我国《企业会计准则——借款费用》规定，借款费用是指企业因借款而发生的利息、折价或溢价的摊销和辅助费用，以及因外币借款而发生的汇兑差额。借款费用包括短期借款费用和长期借款费用，而在本章中所讲的借款费用指的是长期借款费用，并且主要研究专门借款费用的处理。我国《企业会计准则——借款费用》准则中并没有给出专门借款费用的定义，但对专门借款进行了定义。所谓"专门借款"是指为购建固定资产而专门借入的款项。

（二）借款费用的内容

根据我国《企业会计准则——借款费用》中借款费用的定义不难看出，借款费用包括四个方面的内容：因借款而发生的利息，发行债券的溢折价，借款过程中发生的辅助费用，以及外币借款产生的汇兑损益。准则明确指出借款费用不包括以下两项费用：

1.与融资租赁有关的融资费用；

2.房地产商品开发过程中发生的费用。

国际会计准则中关于借款费用的定义与我国的会计准则中的借款费用的定义描述基本相同，但具体包括的内容不一致，国际会计准则规定的借款费用的内容包括：

1.银行透支、短期借款和长期借款的利息；

2.与借款有关的折价或溢价的摊销；

3.安排借款所发生的附加费用的摊销；

4.依照《国际会计准则第17号——租赁会计》确认的与融资租赁所形成的融资费用；

5.作为利息费用调整的外币借款产生的汇兑差额。

由以上对借款费用的列示可以看出，我国会计准则规定的借款费用的内容要比国际会计准则规定的借款费用的内容窄。主要是把与融资租赁有关的融资费用和房地产开发过程中发生的借款费用排除在外。下面就我国会计准则的借款费用具体内容讲述如下：

1.因借入资金而发生的利息

因借款而发生的利息，包括企业从银行和其他金融机构等借入资金发生的利息，发行债券发生的利息，以及承担带息债务应计的利息等。

2.发行债券而发生的折价或溢价的摊销

因借款而发生的折价或溢价主要是发行债券发生的折价或溢价。折价或溢价的摊销实质上是指对借款利息的调整，因而是借款费用的组成部分。企业应在借款的存续期间对折价或溢价进行分期摊销。折价或溢价的摊销，可以采用实际利率法，也可以采用直线法。

3. 与借款或债券发行有关的辅助费用

因借款而发生的辅助费用，是指企业在借款过程中发生的诸如手续费、佣金、印刷费、承诺费等费用。由于这些费用是因安排借款而发生的，也是借入资金的一部分代价，因而这些费用是借款费用的组成部分。

4. 因外币借款而发生的汇兑损益

因外币借款而发生的汇兑差额，是指由于汇率变动而对外币借款本金及其利息的记账本位币金额产生的影响金额。由于这部分汇兑差额是与外币借款直接相关联的，因而也是借款费用的组成部分。

（三）借款费用的会计处理

借款费用的会计处理包括两个方面：一是借款费用的确认，就是确定一定时期的借款费用金额以及应归属何种会计要素的过程；二是借款费用的计量，就是如何通过会计的方法和手段反映借款费用以及反映多少。

1. 借款费用确认的原则

关于借款费用的确认原则，目前国际上主要有两种不同的理论观点：一是借款费用应该资本化，计入相关资产的成本；二是借款费用应该费用化，直接计入当期损益。现就两种理论观点分别阐述如下：

第一种观点：借款费用资本化。持此观点者主张，长期负债往往是为了取得某项长期资产而借入的，其利息等借款费用与索取的资产有紧密的联系，它与构成资产成本的其他要素并无本质上的区别，如果使一项资产达到预定使用状态和场所需要相当长的时间，在此时间内因该项资产支出而发生的借款费用属于其历史成本的一部分。此外，如果将借款费用费用化，会导致还款前的各会计期间，由于巨额的借款费用而导致盈利偏少乃至亏损，而借款所购建资产往往在还款之后的相当长时间内仍然发挥作用。可见，借款费用费用化不利于正确反映各期损益。而将购置此类资产有关的借款费用资本化，则会提高企业建造（或生产）资产成本与购置资产成本（其价格考虑了借款费用）之间的可比性。如果将赞成借款费用资本化的理由进行归纳，一是符合"收入与费用配比原则"的要求；二是适应了一项资产完全成本核算的要求。

第二种观点：借款费用费用化。持此观点者主张，企业债务所发生的利息等借款费用属于筹集资金过程中发生的筹资费，与借入资金的运用无关，因而应将其计入当期损益，而不应计入购置资产的成本。如果将借款费用资本化，会使同类资产的取得成本仅仅由于筹资方式不同而产生差异：用借入资金购置资产的成本要高于用自有资金购置资产的成本，而且这种差异往往较大。这样会使资本成本缺乏可比性的支持：一方面，企业的部分资产是由带息负债筹措的；另一方面，有的资产是由权益筹措的,当负债利息资本化时,其资产的入账成本就会大于由权益筹措资产的入账成本,因为作为权益报酬支付所有者的金额不作为资本化费用。而以借款费用冲减收益即费用化,能使财务报表提供各期之间更为可比的财务成果,从而更能说明一个企业日后的现金流量。借款费用费用化使利息费用随着形成利息费用的借款水平和利率发生变动,而不是受购置资产的影响。赞成借款费用费用化的理论支持是稳健性原则。

从世界各国有关借款费用的会计准则来看,对于借款费用的确认原则的规定不是完全统一的。主要有以下几种模式:

(1) 国际会计准则模式(有选择性模式)

国际会计准则委员会1984年7月发布的《国际会计准则第23号——借款费用的资本化》,规定了允许在资本化和费用化之间自由选择。国际会计准则委员会1993年12月修订的《国际会计准则第23号准则——借款费用》,明确指出"借款费用应于其发生的当期确认为费用",并将这一原则作为借款费用的基准处理方法,而将借款费用资本化作为允许在一定条件下选择的方法。从国际会计准则发展历史中可以看到,关于借款费用资本化与费用化的争议由来已久。从目前的情况看,借款费用的费用化将成为新的发展趋势。马来西亚、巴基斯坦、新加坡等国家的会计准则采用这一模式。

(2) 美国——澳大利亚模式

美国、澳大利亚、法国、德国、韩国、我国香港等地所制定的会计准则对于借款费用处理的原则是:要求对与符合资本化条件的资产直接相关的借款费用予以资本化,其他借款费用费用化。这一要求实际上是与国际会计准则中"允许选用的处理方法"相一致的。当然在对符合条件的资产的界定上,各个国家和地区国际会计准则略有不同。但借款费用的资本化仍然是许多国家和地区采用的第一种方法,同时各国和地区对借款费用的资本化对象和资本化时间等也做了不同的限制性规定。如美国要求企业对于需要一定时间才能达到预定用途的资产,将借款费用资本化作为这些资产历史成本的一部分。德国规定只有与长时间建造新设施有关的借款费用才予以资本化,并且要求借款与资本投资之间具有密切关系和合理保证该设施的未来经济效益能补偿资本化的费用。

(3) 日本模式

日本会计准则规定,如果企业所借入的款项是专门为了用于不动产的开发,则企业应将相应的借款利息予以资本化,计入该资产的成本;除此之外,其他所有的借款费用应在其发生时计入费用。因此,日本会计准则对于借款费用的处理,原则上是费用化。

(4) 我国对借款费用确认的原则

我国在《企业会计准则——借款费用》准则颁布实施以前,会计实务中对于与建造固定资产有关的借款费用在固定资产交付使用前予以资本化，固定资产交付以后借款费用计入当期损益。具体的处理如下：

①为购建固定资产而发生的长期借款费用，在固定资产交付使用之前，计入固定资产的价值；

②为购建固定资产而发生的长期借款费用，在固定资产交付使用后，计入当期损益；

③流动负债性质的借款费用和非为购建固定资产发生的长期借款费用，于发生时计入当期损益；

④在企业筹建期间的长期借款费用（除为购建固定资产而发生的长期借款费用外），计入企业的开办费；

⑤在企业清算期间发生的长期借款费用，计入清算损益。

在2001年我国颁布实施了《企业会计准则——借款费用》准则。该具体会计准则的第4条、第5条规定了借款费用处理原则：第4条规定，因专门借款而发生的利息、折价或溢价的摊销和汇兑差额，在符合本准则规定的资本化条件的情况下，应当予以资本化，计入该项资产的成本；其他的借款利息、折价或溢价的摊销和汇兑差额，应当于发生当期确认为费用。第5条规定，因安排专门借款而发生的辅助费用，属于在所购建固定资产达到预定可使用状态之前的，应当在发生时予以资本化；以后发生的辅助费用应当于发生当期确认为费用。如果辅助费用的金额较小，也可以于发生当期确认为费用。因安排其他借款而发生的辅助费用应当于发生当期确认为费用。

2. 借款费用资本化金额的确定

借款费用资本化是指借款费用在企业的财务报表中作为购置某些资产的一部分历史成本。在会计实务上对如何进行借款费用资本化也存在不同的观点：一种观点认为，不管用在购建固定资产上的专门借款是多少，当期因该专门借款发生的所有借款费用均应资本化，计入购建固定资产的成本。理由是，该借款是为购建该项固定资产专门借入的，该借款在当期所发生的所有借款费用均应计入该项固定资产的成本。另一种观点认为，当期计入购建固定资产成本的借款费用，应仅仅是使用在该项固定资产上的专门借款金额所产生的借款费用，未使用的专门借款所发生的借款费用应计入当期损益。理由是，该项固定资产既没有占用全部专门借款，也就不应承担全部借款费用。我国《企业会计准则——借款费用》准则采用的是后一种观点。下面我们就借款费用的不同内容分别讲述如下：

（1）借款利息的资本化

借款利息的资本化公式是：

每一会计期间利息的资本化金额＝至当期末购建固定资产累计支出加权平均数×资本化率

累计加权平均数=∑［每笔资产支出金额×每笔资产支出实际占用的天数÷会计期间涵盖的天数］

为简化计算，也可以以月数作为计算累计支出加权平均数的权数。

资本化率的计算按下列原则确定：

其一，为购建固定资产只借入一笔专门借款，资本化率为该项借款的利率；

其二，为购建固定资产借入一笔以上的专门借款，资本化率为这些借款的加权平均利润率。

(2) 折价或溢价的资本化

如果借款费用中存在折价或溢价的情况，应当将折价或溢价的每期摊销额作为利息的调整额，对资本化率做相应的调整。即计算资本化率时，用"专门借款当期实际发生的利息之和"减去当期债券溢价的摊销额或加上当期债券折价的摊销额。折价或溢价的摊销，可以采用实际利率法，也可以采用直线法。

(3) 外币借款汇兑差额的资本化

如果专门借款为外币借款，则在应予资本化的每一会计期间，汇兑差额的资本化为当期外币专门借款本金及利息所发生的汇兑差额。即将发生的专门借款的汇兑差额全部予以资本化，无须再用公式加以计算。

(4) 借款费用资本化的限制

我国《企业会计准则——借款费用》规定，在应予资本化的每一会计期间，利息和折价或溢价摊销的资本化金额，不得超过当期专门借款实际发生的利息和折价或溢价的摊销金额。

(四) 借款费用资本化的起止时间

1. 借款费用资本化的开始

与国际会计准则和其他大多数国家或地区会计准则的规定大体相同，我国会计准则规定：以下三个条件同时具备时，因专门借款而发生的利息、折价或溢价的摊销和汇兑差额应当开始资本化：

(1) 资产支出已经发生

资产支出只包括购建固定资产而以支付现金、转移非现金资产或者承担带息债务形式发生的支出。具体来说是：

①支付现金是指用货币资金支付固定资产的购建或建造支出。如用现金、银行存款或其他货币资金等购买工程材料，用现金支付建造固定资产的职工工资等。

②转移非现金资产是指将非现金资产用于固定资产的建造与安装，如将企业自己生产的产品用于固定资产的建造，或以企业自己生产的产品向其他企业换取用于固定资产建造所需要的物资等。

③承担带息债务是指因购买工程用材料等而带息应付款项（如带息应付票

据)。企业以赊购方式从供货单位购买工程物资，由此产生的债务可能带息也可能不带息。如果是不带息债务，就不计入资产支出，因为在该债务偿付前不需要承担利息，企业不会因这部分未偿付债务承担借款费用，亦即没有任何借款费用是应当归属于这部分未偿付债务的。而对于带息债务来说，情况就不同了，由于企业要为这笔债务付出代价即承担利息，与企业用银行借款支付资产支出的性质是一样的。因此，带息债务应当作为资产支出，用以计算应予资本化的借款费用金额。

(2) 借款费用已经发生

借款费用已经发生是指已经发生了购建固定资产而专门借入款项的利息、折价或溢价的摊销、辅助费用或汇兑差额。

(3) 为使资产达到预定使用状态所必要的购建活动已经开始

为使资产达到预定使用状态所必要的购建活动主要是指资产的实体建造活动。开始状态是指实体购建活动已经开始，如果仅仅购置了建筑用地但未发生有关房屋建造活动就不包括在内。

2. 借款费用资本化的暂停

如果固定资产的购建活动发生非正常中断，并且中断时间连续超过3个月，应当暂停借款费用的资本化，将其确认为当期费用，直至资产的购建活动重新开始。但如果中断是使购建的固定资产达到预定可使用状态所必要的程序，则借款费用的资本化应当继续进行。

3. 借款费用资本化的停止

(1) 不需要试生产或试运行的固定资产

当所购建固定资产达到预定可使用状态时，应当停止其借款费用的资本化，以后发生的借款费用应当于发生当期确认为费用。所购建固定资产达到预定可使用状态是指，资产已经达到购买方或建造方的可使用状态。具体可以从下述几个方面进行判断：①固定资产的实体建造（包括安装）工作已经全部完成或者实质上已经完成。②所购建的固定资产与设计要求或合同要求相符或基本相符，即使有极个别与设计或合同要求不相符的地方，也不影响其正常使用。③继续发生在所购建固定资产上的支出金额很少或几乎不再发生。

(2) 需要试生产或试运行的固定资产

如果所购建的固定资产需要试生产或试运行，则在试生产结果表明资产能够正常生产出合格产品时，或试运行结果表明能够正常运转或营业时，就应当认为资产已经达到预定可使用状态。

(3) 购建固定资产部分完工的处理

购建的固定资产不是整体一次性完工，而是分部分逐步完工，有关先完工部分的借款费用资本化的停止问题，具体又要分两种情况处理：一是如果所购建固定资产的各部分分别完工，每部分在其他部分继续建造过程中可供使用，并且为使该部分达到预定可使用状态所必要的购建活动实质上已经完成，则应当停止该部分资产的借款费用资本化；二是如果所购建固定资产的各部分分别完工，但必须等到整体完工后才可使用，则应当在该资产整体完工时停止借款费用的资本化。

（五）借款费用的披露

因借款费用资本化是编制财务报表时应考虑的重要问题，所以会计报表附注中应对此予以披露。按照我国《企业会计准则——借款费用》准则规定，借款费用资本化披露的内容有：

1.当期资本化的借款费用金额

当期资本化的借款费用金额是指当期已计入固定资产成本中的各项借款费用之和，包括应予资本化的利息、折价或溢价的摊销、汇兑差额和辅助费用之和。如果企业当期有两项或多项固定资产同时购建，应当披露这些资产当期资本化的借款费用总额。

2.当期用于确定资本化金额的资本化率

由于企业在某一期间内，可能存在多项专门借款和多项固定资产购建，在披露资本化率时，应按下列原则处理：

（1）如果当期有两项或两项以上的固定资产，且各自使用的资本化率不同，应按照分项披露的原则各自披露；如果资本化率相同，可以合并披露。

（2）如果对外提供财务报告的期间长于计算借款费用资本化金额的期间，且在计算借款费用资本化金额的各期，用于确定资本化金额的资本化率不同，应分别各期披露；如果各期计算资本化金额所使用的资本化率相同，则可以合并披露。

第四节　所有者权益

一、所有者权益的性质和构成

（一）所有者权益的性质

所有者权益是企业所有者对企业净资产的所有权。它是财务会计的基本要素之一，在金额上表现为企业的全部资产扣除全部负债后的余额，即企业的净资产额。独资企业、合伙企业和公司的所有者权益分别称为业主权益、合伙人权益和股东权益。所有者权益和负债同属权益，都是对企业资产的要求权，企业的资产总额等于负债总额加上所有者权益总额。但是所有者权益和负债之间存在着明显的区别，概括为以下几个方面：

1.性质不同

企业与债权人之间的经济关系一般事先具有明确的规定，债权人按事先规定的条件收取本息。所有者则依据公司的盈利情况和分红政策取得分红收入。负债是企业对债权人承担的经济责任；所有者权益是企业对所有者承担的经济责任。从这一意义上讲，只有所有者才真正承担企业的经营风险。

2. 权利不同

作为企业负债对象的债权人与企业只有债权债务关系，既无权参与企业的经营管理，也不参与企业的利润分配；而作为所有者权益对象的投资人则有法定参与管理企业或委托他人管理企业的权利，与此相适应，所有者也享有债权人所不能享有的权利，除了可能享有比利息更高的股利收入之外，还包括未分配的净利润，即留存利润。

从"资产－负债=所有者权益"这一会计方程式来看，所有者权益是一种剩余权益。会计计量是以一定的会计假设为前提，以一定的会计原则为依据的。在企业的整个经营过程中，物价、币值、汇率等诸多因素的频繁变动，都可能导致会计计量结果偏离实际现时的状况。所以，通过会计核算所得的所有者权益，可能是一个账面意义上的所有者权益。一旦企业停业清算，实际归所有者享有的权益，只能是全部资产的清算价值扣减全部负债的差额。亦即，所有者权益的实质是净资产的现时价值。

3. 偿还责任不同

负债有规定的偿还期限，一般要求企业按规定的利率计算并支付利息，到期偿还本金。对债权人来说，利息收入和偿还时间较为固定，与企业的经营成果并无多大关系，承担的风险相对较小。所有者权益在企业持续经营条件下，投资者一般不能抽回投资。对投资人来说，其投资报酬与企业的经营成果有密切的关系，投资人对企业的经营活动承担着比债权人更大的风险，同时也享受着分配企业利润的权利。

4. 偿还顺序不同

企业对债权和所有权满足的先后顺序不同，一般规定债权优先于所有权，债权是第一要求权，表现为在企业清算时，对企业的剩余资产的要求权，债权人要先于所有者。

（二）所有者权益的构成

不同组织形式的企业，其所有者权益构成项目的名称及包含的具体内容有所差异。但不论何种形式的企业，其所有者权益的基本构成情况大体相同。通常，所有者权益都应包括投入资本、资本公积、盈余公积和未分配利润。

1. 投入资本

投入资本是指企业的投资者实际投入企业的资本，是所有者权益的主体和基础。按其投资者的性质不同，可分为国家投资、法人投资、个人投资和外商投资等。

与投入资本密切相关的一个概念是注册资本。所谓注册资本，是指企业在设立时向工商行政管理部门登记的资本总额。在资本分次募集的情况下，在最后一次缴入资本之前，投入资本始终小于注册资本。

2.资本公积

投入资本有确指的投资者，但有些特殊事项引起的所有者权益，可能不便归于具体的投资者，但它们又不是由盈利而形成的。这种类型的所有者权益被称为资本公积，主要包括资本（或股本）溢价、接受捐赠财产、外币资本折算差额等。资本公积是一切所有者的共同权益。

3.盈余公积

盈余公积是指从税后利润中提取的公积金，包括法定盈余公积金、任意盈余公积金和法定公益金。

4.未分配利润

未分配利润是指企业实现的利润中留于以后年度分配或待分配的那部分结存利润。

二、独资及合伙企业的所有者权益

在会计核算中，不同组织形式的企业，对所有者权益的核算差别很大。按国家有关法规规定，目前我国企业组织形式有独资企业、合伙企业和公司制企业。其中独资企业、合伙企业在所有者权益方面与公司制企业相差较大，本节就独资企业和合伙企业的所有者权益及会计处理进行介绍。

（一）独资企业的所有者权益

1.独资企业所有者权益的特点

独资企业是由个人独立出资而形成的一种企业组织形式。它不具有独立的法律主体地位，也不是纳税主体。出资人对企业的财产和赚取的利润拥有全部支配权，对企业的债务负有无限清偿责任。

独资企业所有者权益的最大特点是：不需要区分业主投资和利润积累，因为无论是业主对企业进行投资，还是业主从企业提款及进行利润分配等活动，均是业主的自主行为。

2.独资企业所有者权益的会计处理

尽管独资企业不是独立的法律主体，但并不否认其独立会计主体地位。为此，应区别独资企业与业主个人的经济活动，业主提款必须在企业账面上得到反映。

独资企业所有者权益在"业主资本"科目中核算。该科目贷方登记业主投入资本和作为业主资本的增加的盈利;借方登记亏损和业主提款,期末贷方余额为业主权益总额。

平时发生业主提款时应先通过"业主提款"这一暂记性科目进行反映,年终结转业主资本,以便于进行业主资本状况变动分析。

(二) 合伙企业的所有者权益

1.合伙企业及其所有者权益的特征

由于个人资本数量限制等原因,许多小企业由若干个投资人合伙组建,如律师事务所、会计师事务所、诊疗所等。这种合伙企业与独资企业十分类似,其差别主要在于:合伙企业是由两个或两个以上的合伙人共同投资设立的,因而为了明确合伙人之间的权、责、利关系,必须订立合伙契约。在合伙契约中,需明确规定以下主要内容:损益分配原则;合伙人提款的具体规定;合伙企业解散与清算的程序等。与公司制企业相比,合伙企业主要有以下特征:

(1) 合伙企业不是独立法人。合伙的形成无须经过正式的法律程序,由合伙人自愿结合。法律没有赋予合伙企业法人资格。因此,合伙企业的对外事务,都应以合伙人个人的名义进行。合伙企业是依附于合伙人而存在的,属于人合企业,合伙人一般都亲自参与企业的经营与管理。

(2) 合伙人之间互为代理。除合伙契约另有规定者外,在合伙经营业务范围内,任何合伙人经办的业务,其他合伙人均应负责。每个合伙人都是其合伙组织的代理人,在正常营业范围内有权代表合伙企业签订合同,如签订购货合同、销货合同等。

(3) 合伙人对企业负债负连带无限责任。作为一般合伙人,无论其投资金额多少或占投资总额的比重多高,每个合伙人都对合伙企业的债务承担全部清偿的责任,即连带无限责任。因此,合伙应以自愿为基础。新的合伙人的加入也必须经过全体合伙人的同意。

(4) 合伙企业存在期间有限。合伙企业的形成是以合伙契约的签订为基础的。合伙人的死亡或退伙,都会宣告合伙契约终止。新的合伙人的加入,也同样宣告原合伙契约终止。作为会计主体依然遵循持续经营假设,会计记录连续进行。新的合伙契约的签订,意味着该组织已成为新的合伙企业了。

(5) 合伙企业的任何财产归全体合伙人共有。合伙企业在成立过程中,由各合伙人投入的资金,无论在形态上是货币资产还是非货币资产,一旦投入企业,它就不属于任何一个特定的合伙人,而是归全体合伙人共有。依附于该资产的重估升值和变卖损益,也不属于任何特定的合伙人,而属于合伙企业的损益。

(6) 合伙企业不计缴企业所得税。由于合伙企业不是独立的纳税主体,它所实现的利润不纳企业所得税,而是作为业主个人所得,申报并缴纳个人所得税。

在所有者权益的会计处理方面，合伙企业与独资企业十分相似。合伙企业的所有者权益也不需要区分业主投资和经营赚取的利润。合伙人投入的资金，应全部作为实收资本，分记在各合伙人名下。合伙人从企业提款，将减少该合伙人在企业中的资本。另外，合伙企业的损益，应按照合伙契约中所规定的方法来分配，然后分别转入各合伙人的资本账户。

2.合伙企业所有者权益的会计处理

如前所述，合伙企业组织与独资企业组织有很多相似之处，同样，合伙企业的会计也与独资企业会计十分类似。相当于多个独资企业的综合体，合伙企业会计必须为每一个合伙人开设一个"资本"科目（总账或明细账）和"提款"科目（总账或明细账），分别用于记录每一个合伙人的投资和提款的增减变化及余额。合伙人"提款"科目的功能类似股份公司的"股利分配"账户，记录年度内合伙人从企业提走的款项。会计年度终了，应将"提款"科目余额转到相应合伙人的"资本"科目。合伙企业的损益，在按照合伙契约规定的分配方案分配之后，将每一合伙人应享有的份额由"损益"科目结转到相应合伙人的"资本"科目。与股份公司会计不同，合伙企业会计不单独设置"留存利润"科目，而是将原始投入资本和各种原因引起的积累均合并记入"资本"科目。

合伙人除了向企业投资和从企业提款外，还可能与企业发生借贷往来。为此，应另设合伙企业与合伙人之间的往来账户。这些往来应与企业同外界的往来分开记录。在资产负债表上，它们分别列作负债类的应付款和资产类的应收款，但须与企业同外界应付、应收款项分别列示。

合伙企业成立时，合伙人即按合伙契约所规定的条款将资产投入企业。就投入资产的形式而言，可以是现金，也可以是非现金资产。此外，如果合伙人（一个或多个）原本是独资企业的业主，那么，他也可以以原独资企业的资产和负债作为入伙的投资，即以全部投入资产的原账面价值（或重估价值）与全部负债之差额作为其投入资本。因此，就应将合伙人投入的资产借记有关资产账户，将转由合伙企业承担的负债贷记有关的负债账户；同时，将资产扣除负债后的差额作为其投入的净资产而贷记该合伙人的资本账户。合伙人投入的非现金资产，应按公允市价计价，并须经全体合伙人同意。

合伙企业的损益分配不同于股份公司，均为按出资额比例分配损益。合伙企业没有固定的规定，而是取决于合伙人的契约规定。通常，合伙损益可以按各伙人投入资本的比例分配，也可以按一个固定的约定比例分配。如果合伙契约对损益分配未做规定，通常就认为合伙损益按合伙人平均分配。另外，合伙契约也可对盈利和亏损规定不同的分配比例。但是，如果契约只规定盈利分配比例。一般就认为亏损也按照同样的比例进行分配。

合伙企业因契约期满停止经营，或由于全部转让给别人经营，或由于其他原因而经全体合伙人同意停止经营时，就需要进行清算。合伙企业清算的具体方法取决于合伙契约的规定。但一般而言，合伙企业清算的基本程序为：(1) 出售合伙企业的全部非现金资产，使之变现；(2) 将资产处置损益按规定的损益分配率在各合伙人之间进行分配，并转入各合伙人资本账户；(3) 清偿所有债务；(4) 将清偿债务后所余现金按各合伙人资本账户余额比例进行分配。

三、公司制企业实收资本的核算

公司是现代西方社会典型的企业组织形态。尤其是经营规模较大的企业，多采取公司的形式。公司企业按照出资人即股东所负责任的不同，分为有限责任公司和股份有限公司等多种形式。其中，股份有限公司又是被广泛推崇的公司形式。

根据我国《公司法》的规定，我国的公司组织形式是指在中国境内设立的有限责任公司和股份有限公司。同时规定，国家授权投资的机构或者国家授权的部门可以单独投资设立国有独资的有限责任公司。这也是适合我国国情而产生的一种特殊的企业组织形式。因此，我国的公司组织可以分为国有独资公司、有限责任公司和股份有限公司三种形式。

（一）实收资本的形式及计价

实收资本是指投资人作为资本投入到企业中的各种资产的价值。拥有一定量的资本是任何一个企业法人设立并开展其经营活动的前提。这些资本主要是由企业的投资者投入资本所形成的，在一般情况下无须偿还，可供企业长期周转使用。我国目前实行的是注册资本制度，要求企业的实收资本与其注册资本相一致。企业法人登记管理条例明确规定，除国家另有规定外，企业的注册资本应当与实有资金相一致。企业实有资金比注册资金数额增减超过20%时，应持资金使用证明或者验资证明，向原登记机关申请变更登记。企业不得擅自改变注册资金数额，也不得抽逃资金等。

投资者可以采用国家法律许可的各种形式向企业投资。在我国，投资者投入资本可以采取以下形式：

1. 以货币资金出资；
2. 以实物资产和有价证券投资；
3. 以无形资产投资。

根据《企业会计准则》规定，投资者投入的资本应按实际投资数额计价入账。不同的投资形式，其实际投资数额的确定并不完全相同。具体而言，投资者以货币资金投入，则可以以实际收到或者存入企业开户银行的金额作为实收资本入账。若投资者以固定资产和流动资产等实物资产或无形资产投入，应先对投资的实物或无形资产等按照法律、法规的规定进行评估，再按资产评估确认后的价值入账。

（二）国有独资公司的投入资本

国有独资公司是指国家授权投资的机构或者国家授权的部门单独投资设立的有限责任公司。在我国，国务院确定的生产特殊产品的公司或者属于特定行业的公司，应当采用国有独资形式。这类公司的所有者是单一的，即国家所有。目前我国多数国有独资公司是由原来国营企业改制而成。在会计核算时，单独把国有独资公司作为一种类型，是因为这类企业组建时，所有者投入的资金，全部作为实收资本入账，投资者为单一投资者，也不会在追加投资时，为维持一定的投资比例而产生资本公积，也不会像股份有限公司那样发行股票产生股票溢价。

为了总括反映国家授权投资的机构或部门单位向国有独资公司投入资本的增减情况，应设置"实收资本"科目，该科目的贷方反映公司实际收到国家有关机构或部门单位投入公司的各种资产的价值；借方反映按规定程序减少注册资本的数额；期末贷方余额，反映代表国家投资的机构或部门单位实际投入的资金。

（三）有限责任公司的投入资本

有限责任公司（简称有限公司），是指由两个以上股东共同出资，每个股东以其所认缴的出资额对公司承担有限责任，公司以其全部资产对其债务承担责任的企业法人。有限责任公司股东的出资额，由股东协商确定。公司开办验资时，股东一次缴足全部资本，不允许分期缴款或向外招募。股东向公司出资股金，必须是现金或其他财产，一般不能以信用、劳务等出资。公司盈利，按章程规定的办法，通常实行按出资额在股东间分配。主要特征是：①公司不发行股票，资本由股东协商确定。除股东死亡，股东为经济法人企业破产的情况下，并经股东一致同意才能转让外，一般不允许在证券市场上出售。②设立程序比较简便，由两人或两人以上发起，股东缴足股金，依法便可成立，而且也不必公开它的营业报告，公司账目对外不公开。③股东可作为雇员参加管理，不一定设立股东会，内部组织机构设置灵活简便。④股东对公司的责任，以各自认缴的出资额为限，公司以其全部资产对其债务承担责任。股东按其注册资本比例分享利润，分担风险，自负亏损。⑤股东人数少。

有限责任公司投入资本的会计核算与国有独资公司一样，也要通过设置"实收资本"账户进行，不同的是：有限责任公司的股东不是一个，因而需要按出资股东设置明细账，分别反映各个股东的投入资本情况。其次，有限责任公司的股东投入的资本还应按不同情况处理，有限责任公司新设时，股东按照合同、章程投入公司的资本，应全部记入"实收资本"科目，实收资本应等于公司的注册资本。在有限责任公司增资扩股时，如有新投资者介入，新投资者缴纳的出资额大于按约定比例计算的在公司注册资本中所占的份额部分，应作为资本溢价，记入"资本公积"科目。

股东可按照法律规定的出资形式出资，可以以货币资金、实物资产出资，也可以以无形资产出资。当收到股东货币资金出资时，应借记"银行存款""现金"等，贷记"实收资本——××股东"；若投入的金额超过占注册资本比例的部分，应贷记"资本公积——资本溢价"。当收到股东以固定资产或流动资产等实物出资时，应借记"固定资产""原材料"等，贷记"实收资本——××股东"等。当收到股东以工业产权等无形资产出资时，应按该项无形资产的投资作价，借记"无形资产"，贷记"实收资本——××股东"等。

（四）股份有限公司的投入资本

股份有限公司（简称股份公司）是指全部资本由等额股份构成并通过发行股票筹集资本，股东以其所持股份对公司承担有限责任，公司以其全部资产对公司债务承担责任的企业法人。它产生于17世纪初期的欧洲，19世纪后期广泛流行于各国。其一般特征是：①股份公司是法人；②股东人数不得少于法定数目；③资本总额平分为金额相等的股份，并发行股票，股利按普通股、优先股分配；④股票可以在社会上公开出售，但不能退股；⑤股东只以其所认购的股份额对公司的债务承担责任，一旦公司破产或解散进行清算时，公司的债权人只能对公司的资产提出要求，而无权直接向股东起诉；⑥账目公开；⑦股东按其持股比例享受权利，承担义务，每股有一票表决权，同股同权，同股同利；⑧公司章程规范，不仅有强制性，而且带有比较严格的制裁措施。

有限公司与有限责任公司的主要区别是：有限公司的全部资本不分为等额股份；公司向股东签发出资证明而不发行股票；公司股东转让出资，需经股东会讨论通过；股东人数限制在2个以上50个以下；股份公司的全部资本划分为等额股份；以发行股票方式筹集资本；股票可以交易或转让；股东数有下限，没有上限。

在会计核算上，股份公司应设置"股本"科目，用以核算股东投入公司的股本，并将核定的股本总额、股份总数、每股面值，在股本账户中做备查登记。为了反映公司股份的构成情况，应在"股本"科目下，按股票种类及股东单位或姓名设置明细科目。公司在核定的股本总额范围内，发行股票取得的相当于股票面值的部分，应记入"股本"科目；发行股票取得的超过股票面值的部分（溢价），在扣除发行手续费、佣金等发行费用后，记入"资本公积"科目。若无溢价，或溢价不足以支付发行费用的部分，计入长期待摊费用，分期摊入成本费用。

境外上市公司以及在境内发行外资股的公司，按确定的人民币股票面值和核定的股份总额的乘积计算的金额，作为股本入账，按收到股款当日的汇率折合的人民币金额与按人民币计算的股票面值总额的差额，作为资本公积处理。

（五）实收资本的增减变动的核算

一般情况下，企业的实收资本应相对固定不变，但在某些特定情况下，实收资本也可能发生增减变化。企业法人登记管理条例中规定，除国家另有规定外，企业的注册资本应当与实有资本相一致。该条例还规定，企业法人实有资本比原注册资本数额增加或减少超过20%时，应持资金证明或者验资证明，向原登记机关申请变更登记。这表明，企业的实收资本，一般情况下不得随意增减，如有必要增减，首先应具备一定的条件。

1.实收资本增加的核算

公司增加注册资本需要经过股东会议代表有三分之二以上表决权的股东通过，并修改公司章程。一般企业增加资本的途径主要有三条：第一，资本公积转增为实收资本。会计核算应借记"资本公积"，贷记"实收资本"。第二，盈余公积转增为实收资本，会计核算借记"盈余公积"，贷记"实收资本"。将资本公积、盈余公积转增为实收资本时应按股东持有的股份比例增加各股东的股权，国有独资企业可直接结转。第三，投资者追加投资。这里的投资者包括原投资和新投资者，企业应在收到投资者投入的资金时，借记"银行存款""固定资产""原材料"等，贷记"实收资本"等。

股份公司可以以发放股票股利的方法实现增资。股票上市公司多采用这种方式。

2.实收资本减少的核算

减少注册资本需要满足下列条件：①企业减资，应事先征得债权人同意；②经股东会决议同意，并修改公司章程；③减资后的注册资本不得低于法定注册资本的最低限额。

实收资本减少有两种情况：一是资本过剩；二是企业发生重大亏损。企业因资本过剩而减资，按发还股东的数额，借记"实收资本"，贷记"银行存款"；企业因严重亏损而减资，借记"实收资本"，贷记"利润分配——未分配利润"。从理论上说，实收资本与未分配利润都是所有者权益，这样调整并不影响所有者权益总额，但是按照无利不分的规定，企业若有未弥补亏损，不得分发股利。企业发生的亏损，短期内如果不能以利润、盈余公积金弥补，即使以后有了利润也不得分发股利。企业长期不发股利，会动摇投资者的信心，因此用实收资本弥补亏损后，企业可以轻装上阵全力以赴进行经营以求发展。

股份有限公司为了减少其资本，经有关机构批准可以回购本公司的股票，但购回的股票应在10日内注销。由于采用的是发行股票的方式筹集股本，发还股款时，则要回购发行的股票，发行股票的价格与股票面值可能不同，回购股票的价格也可能与发行价格不同，对此会计核算方法有两种：成本法和面值法。在会计实务中，成本法的应用较为普遍。我国规定用成本法对购回股票进行处理。收购本企业股票时，应按面值注销股本。超出面值付出的价格，可根据具体情况进行处理：收购的股票凡属溢价发行的，则首先冲销溢价收入；不足部分，凡提有盈余公积的，冲销盈余公积；如盈余公积仍不足以支付收购款的，冲销未分配利润。凡属面值发行的，直接冲销盈余公积、未分配利润；已购回股本金额低于面值的部分，应增加超面值缴入股本，即资本公积金。

库存（藏）股票：股份公司已发行的股票，其中有一部分以后可能由于公司的重新购回或其他原因（如股东捐赠）而由公司自己持有，这种不是为了注销目的而由公司重新取得并持有的股票，称为库存股票。从已发行股份中扣除库存股份，才是当时仍由股东持有的股份。库存股票不是资产，因为公司自己不能投资自己，公司不能通过购买自己的股票确认利得或损失。因此，库存股票视为公司股东权益的减少。库存股票没有投票权，没有优先认股权，也没有利润分配权和财产清算权，但参与股票的分拆。股份公司拥有库存股票，主要是为了：①满足雇员报酬合同的需要；②为应付可能潜在的被收购兼并之需；③减少外发股份以提高每股盈余；④影响公司股票交易活动及股价；⑤满足日后可能的吸收合并所需；⑥合同规定。

在我国，《公司法》规定，公司除因减少资本而注销股份或者与持有本公司股票的其他公司合并外，不得收购本公司的股票，因此在我国，对股东权益的会计处理中不会出现库存股票的问题。

四、资本公积

资本公积是指所有者所共有的、非收益转化而形成的资本，是公司所有者权益的组成部分。资本公积由全体股东享有；资本公积在转增资本时，按各个股东在实收资本中所占的投资比例计算的金额，分别转增各个股东的股本金额。资本公积与盈余公积不同，盈余公积是从净利润中取得的，而资本公积的形成有其特定的来源，与企业的净利润无关。

在我国，资本公积的内容主要包括资本溢价和股本溢价、接受捐赠资产、外币资本折算差额等。资本公积有其不同的来源，企业应当根据资本公积形成的来源，分别进行账务处理。会计核算上应设置"资本公积"科目，用以反映资本公积的增减变动情况。增加资本公积贷记本账户，减少资本公积借记本科目。余额在贷方，表示企业拥有的资本公积。该科目一般应设置以下明细科目：

1."资本公积——股本溢价"，核算和反映企业实际收到的股本大于注册资本的金额。

2."资本公积——接受现金捐赠"，核算和反映企业接受的现金捐赠。

3."资本公积——接受捐赠非现金资产准备"，核算和反映企业接受非现金资产捐赠的价值，扣除未来应交所得税后的余额，在未转入"资本公积——其他资本公积"明细科目前计入资本公积的准备金额。

4."资本公积——股权投资准备"，核算和反映企业对被投资单位的长期股权投资采用权益法核算时，因被投资单位接受资产捐赠等原因增加的资本公积，企业按其持股比例计算而增加的、未转入"资本公积——其他资本公积"前所形成的股权投资准备。采用权益法核算时，被投资单位资本公积中形成的股权投资准备，企业按其持股比例计算的部分，也在本明细科目核算。

5. "资本公积——拨款转入"，核算和反映企业收到国家拨入的专门用于技术改造、技术研究等的拨款项目完成后，按规定转入资本公积的部分。

6. "资本公积——外币资本折算差额"，核算和反映企业接受外币投资因所采用的汇率不同而产生的资本折算差额。

7. "资本公积——其他资本公积"，核算和反映企业除上述各项资本公积以外所形成的资本公积，以及从资本公积准备项目转入的金额。债务重组时，由债权人豁免的债务，以及确实无法支付的应付款项，也在本明细科目核算。

上述资本公积明细科目中的各种明细科目，如股权投资准备、接受捐赠资产准备等，是所有者权益的一种准备，在未实现前，即在未转入"资本公积——其他资本公积"明细科目前，不得用于转增资本（或股本）。

（一）资本溢价或股本溢价

资本溢价是指股东缴付的出资额大于注册资本而产生的差额。股东的出资额决定了该出资者在企业中应享有的权利和承担的义务。为了明确记录股东认缴的出资额，真实反映各股东对企业享有的权利和义务，公司设置了"实收资本"科目，核算投资者按照合同、协议或公司章程所规定的出资比例实际缴付的出资额。若股东实际的出资额大于这一规定的出资比例，为维护各股东的权益，这一差额作为资本公积处理。

资本溢价通常发生在企业追加新的投资（包括新的投资者加入和原有投资者按与以往不同比例增资）而使原有资本比例发生变化的情况下。这是因为，企业创立之初，要经过筹建、试生产经营、为产品寻找市场、开辟市场等过程，从而投入的资金需要承担较大的风险和费用，其利润率通常也较低。企业正常经营后，通常经营风险降低，利润率提高。另外，企业经过一段时期的经营之后，利润积累增加了所有者权益，但并未转增资本。鉴于以上原因，新加入的资本欲与原有资本获得同样的权利，必须对原有资本提供补偿，新加入的投资者要付出大于原有投资者的出资额，才能取得与原投资者相同的投资比例，这就是资本溢价。

上市公司配股或增发新股：上市公司的股东以其所拥有的其他企业的全部或部分股权作为配股资金，或作为认购新股的股款的，上市公司所接受的股权，应按照配股或增发新股所确定的价格，确认为初始股权投资成本，按照该股东配股或增发新股所享有的股份面值总额作为股本，其差额作为资本公积（股本溢价）；上市公司的股东以实物资产和可辨认的无形资产作为配股资金，或作为认购新股股款的，上市公司所接受的实物资产和可辨认的无形资产，应当按照配股或增发新股所确定的价格作为其接受资产的成本，按照该股东配股或增发新股所享有的股份面值总额作为股本，其差额作为资本公积（股本溢价）。

（二）接受捐赠资产

接受捐赠是指企业接受捐赠人捐赠的资产。捐赠是捐赠人对企业的援助行为，但由于捐赠人援助后并不一定谋求对企业的资产请求权，也不会由于其捐赠资产行为对企业承担责任。所以捐赠人不是企业的股东，这种援助也不形成企业的实收资本。但这种援助会使企业的经济资源增加。我国《企业会计准则》规定，企业接受捐赠的资产价值作为资本公积，为所有者所共有，属于所有者权益，会计上记入"资本公积"账户。

接受捐赠的资产可以分为现金资产和非现金资产两部分。接受非现金资产捐赠，因其待处置时要交纳所得税，因此，在所接受的非现金资产尚未处置前所形成的资本公积作为资本公积的准备项目。另外，从会计核算角度考虑，在企业持续经营情况下，在接受捐赠非现金资产时，如接受固定资产、原材料等捐赠时，没有实际的货币流入，这时可将捐赠视为一种投资行为，将接受捐赠的实物资产价值扣除未来应交所得税后的差额暂记在"资本公积——接受捐赠非现金资产准备"科目中；在处置该项捐赠的实物资产或使用时，由于该项资产上的所有收益已经实现，应将原记"资本公积——接受捐赠非现金资产准备"科目的金额转入"资本公积——其他资本公积"科目。

如果企业接受货币性捐赠，应将接受捐赠的货币性捐赠资产扣除应交所得税后的余额直接计入"资本公积——接受现金捐赠"科目。

（三）股权投资准备股权投资准备

是企业对被投资单位的长期股权投资采用权益法核算时，因被投资单位接受资产捐赠等原因增加的资本公积，企业按其持股比例计算而增加的资本公积。它是未转入"资本公积——其他资本公积"前所形成的股权投资准备。采用权益法核算时，被投资单位资本公积中形成的股权投资准备，企业按其持股比例计算的部分，也在本明细科目核算。

企业采用权益法核算长期股权投资时，长期投资的账面价值财务会计将随着被投资单位所有者权益的增减而增减，以使长期股权投资的账面价值与应享有被投资单位所有者权益的份额基本保持一致。因此，被投资单位接受资产捐赠等形成的属于准备性质的资本公积，企业应按其持股比例计算应享有的份额，增加长期股权投资和资本公积的准备项目，待处置长期股权投资时，再将其余额转入"资本公积——其他资本公积"明细科目。

(四) 拨款转入

拨款转入，是国家对某些国有企业拨入的专项用于技术改造、技术研究等项目的拨款。在该拨款项目完成后，形成资产的拨款部分，转作资本公积。在我国，国家对某些行业或企业拨出专款，专门用于企业的技术改造、技术研究等项目，在收到拨款时，暂作长期负债处理。待该项目完成后，属于费用而按规定予以核销的部分，直接冲减长期负债；属于形成资产价值的部分，从理论上讲应视为国家的投资，增加国家资本，但因增加资本需要经过一定的程序。因此，暂计资本公积，待转增资本时再减少资本公积。在未转增资本公积前，形成资本公积的一项来源。

(五) 外币资本折算差额

外币资本折算差额是指企业接受外币投资时，外币资产采用不同折合汇率产生的差额。在我国，企业通常以人民币为记账本位币，在收到外币资产时需要将外币资产价值折合为人民币记账。在将外币资产折合为人民币记账时，其折合汇率按以下原则确定：

1.对于各项外币资产账户，一律按收到出资额当日的汇率折合。

2.对于实收资本账户，合同约定汇率的，按合同约定的汇率折合；合同没有约定汇率的，按收到出资额当日的汇率折合。由于有关资产账户与实收资本账户所采用的折合汇率不同而产生的人民币差额，做资本公积处理。企业收到投资者投入的外币资产，按收到出资额当日的汇率折合的人民币金额，借记有关资产科目，按合同约定汇率或按收到出资额当日的汇率折合的人民币金额，贷记"实收资本"，按收到出资额当日的汇率折合的人民币金额与按合同约定汇率折合的人民币金额之间的差额，借记或贷记"资本公积——外币资本折算差额"。

第六章 财务审计的基础模式

财务审计是内部环境审计工作的重要组成部分，随着我国财务制度、企业制度的不断改革创新，企业要想发展就必须与社会相适应，明确财务审计基础模式是很关键的，直接关系到企业财务审计新模式的创建和发展。本章对绩效审计与财务审计的比较、财务审计与内部控制审计整合、社会监督与财务审计的客观性财务审计中管理效益审计的延伸、企业财务审计与成本控制进行论述。

第一节 绩效审计与财务审计的比较

审计工作的开展成效将直接对我国的经济发展产生影响。在这一工作的实际开展过程中，财务审计与绩效审计都是常见的审计办法之一。对于我国而言，大部分审计单位都会采用两种方法：绩效审计与财务审计。其中，财务审计在审计活动中占据主要的地位。目前，绩效审计和财务审计独立之间的结合只是一种过渡的表现，审计人员需要在两者进行结合的过程中，找出绩效审计的有效方法和经验。

目前我国政府的财务审计还是占主要位置，但是随着我国政府职能的不断变化以及社会主义经济不断地完善发展，在审计要求上也越来越全面，要求审计能够真实反映出政府的各个方面和在运营中的矛盾以及处理的办法，以专业的水平对政府经济进行评价，绩效审计的侧重点符合现在政府部门的需要，绩效审计和财务审计之间相互弥补。

未来我国要不断地加强绩效审计，使得绩效审计和财务审计互相分离，互相独立。但根据实际情况与发展的需求，绩效审计与财务审计不仅需要相互结合使用，还需要相对独立地进行发展，而且绩效审计在发展中也会逐步地取代目前财务审计的主导地位，更好地发挥政府的审计作用。

一、绩效审计与财务审计的概念比较

绩效审计是审计人员通过使用现代技术方法，对政府部门的活动和功能就目前的效果性、经济性以及效率性进行客观的、系统的独立评价，并提出评价后要进行改善的意见，以此来提高政府的工作效率和为政府有关决策方面的工作提供信息来源的过程。

财务审计是一种传统意义上的审计类型，财务审计是对政府的财务和财政的收支活动还有报告的审查，然后对政府财务收支报告和活动的真实性、公允性、合法性以及正确性进行评价的监督活动。

绩效审计和财务审计的概念比较分析内容包括：①共性。两种审计的原理都是收集被审计单位的相关经济活动和财务财政上的收支，与规定的标准进行比较，评价出与相关规定符合度，并将结果传达相关单位的过程。②差异。绩效审计注重评价审计方面的效率性和经济性，而财务审计更关注审计项目的合法性和真实性。不难看出，财务审计是绩效审计的基础，只有在真实合法的基础上，才有意义去评价经济性和效率性，将两者进行结合审计，可以更加全面地评价出被审计项目的经济活动情况。

二、绩效审计与财务审计的审计要素差异比较

（1）产生和发展背景的差异。绩效审计与财务审计的产生和发展背景的差异主要表现为私有制的产生、财产所有者和财产经营者的分离，导致人们迫切想要了解政府资金公共支出的流向。而绩效审计产生的背景是随着我国社会经济的发展，广大公民的民主和法律意识不断加强，则由关注政府支出的合法性逐渐转变到关注政府支出的经济效益性。

（2）审计目的的差异。绩效审计与财务审计的审计目的的差异主要表现为：绩效审计更侧重于审计项目的效益性、效率性和效果性；财务审计侧重于审计项目的合法性、真实性和公允性。

（3）审计主体的差异。绩效审计对审计主体的知识面要求更为广泛，特别是经济活动分析的能力；财务审计只要求审计主体掌握会计和审计的专业知识技能。审计的审计标准为有关法律法规、公认管理实务和相关规章制度。

（4）审计对象的差异。绩效审计对象是政府及其公营项目的效益或社会效益；财务审计对象是被审计单位的财务收支活动及相关会计资料；绩效审计对象是政府及其公营项目的效益或社会效益。

（5）审计职能的差异。绩效审计与财务审计的审计职能的差异表现包括：绩效审计主要关心的是未来经济活动的发展效益，主要职能为创新性和建设性；财务审计检查、评价已成事实的财务收支活动，行使防护权、监督权和鉴证权。

（6）审计技术和方法的差异。绩效审计的审计方法有调查法、分析法、采访法和统计法；财务审计的审计方法一般有审阅法、查询法、复算法、核对法、调解法和盘点法，专门技术方法包括抽样审计方法、计算机审计方法和内部控制测评方法。

（7）审计程序的差别。绩效审计在财务审计的基础上，更加注重后续审计这一过程；财务审计的程序为准备—实施—报告。

（8）时间导向的差异。绩效审计更看重未来的经济活动，财务审计注重历史经历活动。

三、绩效审计与财务审计的有机结合

（1）绩效审计做法。绩效审计的难度远远高于传统的财务审计，关键是如何准确地评估被审计机构和被审计项目的社会效益。只有比较准确地计算出被审计机构和被审计项目的社会效益，才能估计其社会影响，最后才能对症下药，提出有建设性的建议。熟悉、了解被审计机构的业务、经营活动情况，机构有否各种业务指标和工作。进行绩效审计时，也要贯彻会计的重要性原则，抓住被审计机构最重要的经营活动状况与其有关制度和控制计划——比较分析，看其是否达到了预期效果。

（2）结合范围方式。在我国，财务审计的范围要远远超出绩效审计的范围。一般而言，如果经济活动涉及投入产出，那么就可以对其进行绩效审计。绩效审计的侧重点是公众比较关注的一些领域，比如专项资金审计、公共工程审计、公共支出审计和财政预算的支出审计，对这些方面展开审计活动，能够为国家节约一部分资金，同时也可以提高被审计单位的经济效益。在我国，绩效审计做得不是很到位，还需要不断地积累经验。对于违法比较严重的单位而言，应该穿插进行绩效审计和财务审计；对于违法现象比较少的借鉴有效方法和经验。

第二节　财务审计与内部控制审计整合

一、内部控制审计

（一）内部控制审计的理论依据

1. 控制与控制系统

控制是指主体对客体的一种能动作用，而客体按照主体的这种作用而动作，并达到系统的预定目标。控制有两个目的：①维持现状，如果出现偏差，应及时采取必要的纠正措施，使系统趋于相对稳定，这是控制的基本目的；②打破现

状，即引导系统由原有状态转变到一种新的预定状态。作为管理的一项基本职能，控制是为了保证组织目标的实现，既是手段又是目的，但控制本身仅仅是保证目标实现的手段之一。

控制系统由施控系统和受控系统组成。控制总是通过信息的传递来实现的。对施控系统而言，它有一个发出控制信息和接收信息并执行控制的过程。因此，施控系统可以分成两个部分：①控制信息发出，即发控系统；②执行部分，即执行机构。执行机构直接控制受控系统的输入。

2. 内部控制与内部控制审计

（1）内部控制。内部控制的本质特征是区别于外部控制或强制控制的根本，主动性和内在需求性是内部控制最为根本的特征，主体性和目标性是讨论内部控制本质的基本前提。内部控制是运用控制论的基本原理、概念和方法来分析企业经营管理控制过程，更便于揭示和描述组织的内在运行过程和结果。内部控制属于经济控制论的一个方面，运用经济控制论的方法，来分析组织内部的经营管理过程，研究各个单位如何发挥管理功能，对管理过程进行有效的调节和控制。从控制信息传递路径的角度而言，内部控制包含两种控制方式：

①闭环系统。闭环系统控制，也称反馈控制，即利用受控系统的输出信息来产生控制力，构成一个闭合回路。在反馈控制中，正反馈能提高输入信息的灵敏度，增强输出效果；运用在管理活动中如激励机制和措施可以提高员工工作的积极性、主动性和创造性；而负反馈会降低外界对于系统的干扰作用，增强系统的稳定性，在管理活动中加强对员工的考核与惩罚，会促使员工按照组织预定的目标去执行，减少偏差。

②开环系统。开环系统控制，也称为前馈控制，是通过利用外部信息来发挥控制作用，不依赖控制信息的反馈结果，其信息流的流转正好与反馈过程相反。在管理实践活动中，由于获取未来信息的难度和不确定性，因而常常需要依靠闭环控制系统，通过反馈控制，形成综合控制，如在管理活动中在预算控制的基础上建立绩效考核制度等。

（2）内部控制审计。内部控制审计是内部控制的管理活动和审计实践发展到一定阶段后相结合的产物，因此，对内部控制和审计进行理论梳理，才能更好地理解内部控制审计理论和实践活动。人类从管理控制活动的实践中产生和发展了内部控制活动，并通过归纳总结上升为理论，再用来指导实践活动，这样通过实践—理论—再实践—再理论的不断完善、升华、循环反复，不断地推动内部控制理论与实践的发展。内部控制的理论渊源可以从两方面进行考察，即审计学与管理学。

①内部控制审计的定义。在企业内控制度的不同层次中，通过对内控总目标的分解，形成一个分层次、多职能的内控制度系统。在总目标的统领下，每个子

系统又有若干个分目标或子目标,并按各自目标进行最优控制;整个系统通过协调、管理子系统的运行来实现系统目标,上级控制、协调下一级的活动,但不越级控制,只有最下级的子系统才直接控制系统的具体运行。

内部控制审计从两个角度提出新的定义观:①从内部视角而言,内部控制审计,应指企业自身的内审机构对该企业内部控制在设计和执行上的完整性、合理性和有效性进行审查并给予评价意见的活动;②从外部视角而言,内部控制审计,应指第三方外部机构接受委托,注册会计师通过运用一定的审计程序和审计手段,针对在特定日期的企业内部控制设计与执行的完整性、合理性和有效性进行审计,并出具合理审计意见的一项审计活动。而本文研究的方向主要是针对外部注册会计师对企业内部控制的审计。

②内部控制审计的目标。内部控制审计的目标是对公司整体内部控制的完整性、合理性和有效性发表意见,其中整体内部控制包括财务报告和非财务报告两方面的控制。在发表意见时,可分别单独说明具体存在缺陷的情况,也可合并在一起统筹说明。

(二) 内部控制审计与财务审计比较分析

1.内部控制审计与财务审计的区别

内部控制审计更偏向于审计过程,而财务报表审计则更注重审计结果。由于发表意见的对象不同,两者存在些许差别。

(1)对内部控制进行测试时的目的不同。在内部控制审计中,目的是审计企业内部控制的有效性,从而对内部控制进行了解和测试;在财务报表审计中,目的是识别和评估财务报表上的重大错报风险,运用实质性程序获取与重大错报相关的审计证据,才对企业的内部控制并且仅限于财务报表方面的控制进行了解和测试,为审计意见的出具提供合理的依据。

(2)对内部控制进行测试时的范围不同。在内部控制审计中,应在所有重要账户和列报层次的内控设计和执行有效性方面进行认定,并获取全部相关审计证据,用以实现审计目的;在财务报表审计中,在对重大错报风险进行认定和评估时,可能追寻实质重于形式和相关性的原则而选择实质性方案,如果通过职业判断判定相关内部控制全部有效或者全部无效,则有可能在部分认定或者全部认定都不对内部控制进行测试。

(3)对内部控制进行测试时的期间不同。在内部控制审计中,只需对基准日的内部控制进行测试并发表相关运行是否有效的意见;在财务报表审计中,如果选择综合性方案对认定层次的重大错报风险进行评估,则应当取得在整个期间内部控制有效运行的审计证据。

(4)审计报告的形式和内容不尽相同。我国内部控制审计相对于财务报表审计而言发展还比较短,犹如新生儿一般,财务报表审计发展相对成熟,审计报告种类分类比较健全,而内部控制审计报告没有保留意见的报告类型,一旦发现企业在内部控制上存在重大缺陷,应当出具否定意见报告,若审计范围受限,应解除业务约定或在报告中提出无法表示意见。

2. 内部控制审计与财务审计的联系

二者最终的目的相同,即使两者各自都有不同的侧重点,但最终都是加强财务报表相关使用者对财务报表信任度的目的;二者采用的基本方法相同。总体上两者都运用风险导向审计法,会进行风险评估程序,进而识别和评估重大错报风险,然后针对发现的重大错报风险,运用相应办法以便获得充分恰当的审计证据。具体上两者都可能运用观察、检查、询问和重新执行程序等方法,用以了解和测试内部控制的设计和运行是否有效;二者对于同一财务报表在识别重要账户、列报以及相关认定方面有相同之处;二者对于同一财务报表在重要性水平的使用上有相同之处。

(三) 我国企业内部控制的发展与规范体系

1. 我国企业内部控制的发展

随着市场经济的不断发展,企业面临各种各样的风险。为促进企业规范公司治理,健康持续发展,防止国有资产流失,规避和降低各类风险,有关部门陆续出台了一系列关于内部控制和风险管理的法律法规,共同构建成为中国企业内部控制规范体系。至此,我国已经形成了一套完整的内部控制体系。

2. 我国企业内部控制规范体系

我国企业内部控制规范体系由一个基本规范、一个应用指引,一个企业内部控制评价指引和企业内部控制审计指引组成。执行企业内部控制规范体系的企业,企业董事会必须对本企业内部控制的有效性进行自我评价,披露年度自我评价报告,同时聘请有证券资格的会计师事务所对其财务报告内部控制的有效性进行审计,出具审计报告。财政部、证监会等政府监管部门将对执行内部控制规范体系的情况进行监督检查,这是全面提升我国上市公司和非上市大中型企业经营管理水平的内部控制审计在我国的发展历程、现状及存在的问题重要举措,也是我国应对国际金融危机的重要制度安排。

(1) 基本规范。基本规范内容包括:①内部环境是企业实施内部控制的基础,一般包括治理结构、机构设置及权责分配、内部审计、人力资源政策、企业文化等;②风险评估是企业及时识别、系统分析经营活动中与实现内部控制目标相关的风险,合理确定风险应对策略;③控制活动是企业根据风险评估结果,采用相应的控制措施,将风险控制在可承受度之内;④信息与沟通是企业及时、准确地收集、传递与内部控制相关的信息,确保信息在企业内部、企业与外部之间进行有效沟通；⑤内部监督是企业对内部控制建立与实施情况进行监督检查，评价内部控制的有效性，发现内部控制缺陷，应当及时加以改进。

(2) 应用指引。应用指引在整个内部控制规范体系中占据主体地位，是指企业按照内部控制基本原则和五要素的要求，为建立、健全本企业内部控制所提供的指引，应用指引包括：

第一，内部环境类指引。内部环境是企业实施内部控制的基础，影响全体员工实施控制活动、履行控制责任的意识、态度和行为。内部环境类指引包括组织架构、发展战略、人力资源、企业文化和社会责任等具体指引。控制活动类指引，是指对各项具体业务活动实施相应控制的指引，包括资金活动、销售业务、采购业务、资产管理、工程项目、研究与开发、业务外包、担保业务、财务报告等具体指引。

第二，控制手段类指引。偏重于管理"工具"性质，包括全面预算、合同管理、内部信息传递和信息系统等具体指引。企业内部控制评价指引企业内部控制评价指引，是为满足企业管理层（董事会）对本企业内部控制有效性进行自我评价所提供的指引。内部控制评价是指企业董事会或类似决策机构对内部控制的有效性进行全面评价、形成评价结论、出具评价报告的过程。在企业内部控制实务中，内部控制评价是极为重要的一环。相关文件的制定发布，为我国企业开展内部控制自我评价提供了一个共同遵循的、统一的权威性标准，有利于提高投资者、社会公众乃至国际资本市场对中国企业的信任度，增强中国企业的国际竞争力。

第三，企业内部控制审计指引。企业内部控制审计指引，是注册会计师和会计师事务所执行内部控制审计业务的执业准则。内部控制审计是指会计师事务所接受委托，对特定基准日内部控制设计与运行的有效性进行审计。内部控制审计是企业内部控制规范体系实施的强制性要求，有利于促进企业建立、健全内部控制体系，也有利于提高企业财务报告及其相关信息的可靠性。

3.我国内部控制规范体系的创新

(1) 我国企业内部控制规范特征。显著特征如下：第一，高度权威性。我国内部控制规范体系具有高度的权威性、公认性和法律约束力。第二，具有很强的针对性和操作性。配套指引中的应用指引、评价指引和审计指引，通俗易懂、简便易行，又有案例解释，便于企业操作和借鉴；而国外的内控体系基本上只提供概念、定义、原理、原则、要素，缺乏案例解释和具体操作指引，不利于实际操作和贯彻执行。

第三，以促进企业健康持续发展为最终目标。我国的内部控制规范体系涵盖范围广，包括保障财务报告的真实可靠、合法合规经营、资产安全、提高经营效率和效果，促进企业实现发展战略五个目标，促进企业健康持续发展是核心目标；统一品牌。我国的内控体系将各个政府主管部门单项的、分散的规定和指引进行了整合，形成了统一的品牌，并借鉴了国内外的内控理论、先进经验和做法，从而为我国的内控体系走向国际奠定了坚实的基础。

第四，实施范围广。我国内控规范体系不仅适用于上市公司，而且适用于非上市的大中型企业。由于我国不仅有大量的上市公司，还有为数不少的关系国计民生、对国民经济和社会发展具有重大影响力的国有企业，有些集团企业还是世界五百强企业。因此，鼓励并要求这些企业实施内控规范体系是非常有必要的。

（2）我国企业内部控制规范体系的建设。建设采取了借鉴国际、立足国情的原则，充分吸收了国际发达国家、国际组织、跨国公司，认真总结和提升了我国各类企业特别是上市公司的实践经验。在基本规范和配套指引发布前，反复征求国内外有关方面政府监管部门、专家、学者、企业实际工作人员的意见，并邀国内外有关方面专家参加发布会，得到了专家们的充分肯定和高度评价。

二、整合审计

整合审计是指会计师事务所对被审计单位的财务报表与内部控制同时进行审计。整合审计的对象是被审计单位的财务报表和与财务报表相关的内部控制。整合审计主要强调两类审计要同步进行。所以，整合审计的最终目标也应分为两点：①对财务报表的合规性、公平性和真实性进行全方位的评估；②对内部控制是否有效进行评估。

（一）整合审计的理论依据

（1）成本效益权衡理论。成本效益权衡是一种权衡投资成本与收益后做出投资决策，以寻求在投资活动中以最低成本获取最大效益的经济决策方法。成本效益权衡理论可用于整合审计的成本效益分析。分开实施内部控制审计和财务审计，将会导致审计时间延长，极大地影响被审计单位的经营活动。而实施整合审计不仅将节省大量人力、物力和审计时间，而且可以大幅减少对被审计方的影响。显然，整合审计效益更好。

（2）协同效应理论。协同效应，又称为增效作用，即让各组分有机组合，从而让其发挥出的作用大于各组分简单的叠加，即"1+1＞2"。由于财务审计与内控审计的审计结果可以相互印证，整合审计可以起到优化审计质量、减少审计费用的作用。整合审计的协同效应主要呈现出两点：①内部控制审计工作的结果可以作为衡量内部控制有效性的关键性指标。倘若内部控制具有有效性，便能够减少财务审计中需要实施的实质性测试。②开展财务报表实质性测试工作以后，其结果可以作为衡量内部控制审计是否有效的关键性指标。所以，财务审计与内控审计之间存在协同效应，整合审计有助于提高审计效率和效果。

（3）权变与权衡理论。从权衡理论的角度而言，人们在进行经济业务活动的过程中会权衡、协调个人目标与组织目标的关系，使其保持一致性。从权变理论的角度而言，企业发展的环境是不断变化的，因此企业的管理活动需要适应不断变化发展的环境。根据对上述两个理论的理解，整合审计的最终目的在于实现财务信息的公允性、合规性以及维护会计信息使用者的合法权益，这有利于企业良好信誉的建立。外部经济环境是不断变化的，整合审计符合各利益相关者的需求。因此，从权变与权衡的角度而言，整合审计是合理的。

（二）我国实施整合审计的重要性

（1）我国实施整合审计的可行性。内部控制审计与财务审计存在共同点。两类审计可以采用相同的审计模式、重要性水平和目标，且存在相同的测试项目以及相同的实施机构，这为两类审计的整合提供了可能。内部控制审计与财务报表审计在实际工作流程上相关联，得到的审计证据可以互为补充，相互验证。财务报表审计需要实施风险评估程序，其重要环节是对被审计单位进行内部控制的考核和评价。被审计单位合理设计内部控制并有效实施后，注册会计师会进一步实施控制测试。而在注册会计师进行财务报表审计时，会依据内部控制审计的相关结论，利用内部控制审计的结果修正实质性测试范围。由此可见，二者审计获取的证据可以相互印证，互为补充。

（2）我国实施整合审计的必要性。内部控制审计和财务报表审计是相辅相成的，能够相互弥补各自的不足，降低审计成本。内部控制审计采用自上而下的审计方法测试关键控制点，当发现存在内部控制重大缺陷时，会加强对经济业务和对应账户的测试；财务报表审计如果发现认定层次的账户余额、交易和信息披露存在错报，相应地，可以反映出关键控制点可能存在一定的内部控制缺陷。整合审计的执行提高了审计实施的效率、效果，可以保证企业经营活动的顺利进行。

三、财务审计与内部控制审计的整合

（一）财务审计与内部控制审计业务的整合事项

（1）重要性水平的整合。由于财务审计和内部控制审计的对象是同一家公司，内部控制的重要性水平将根据财务报表的重要程度来决定。审计人员也可以直接根据财务报表的重要性水平确定内部控制的重要性水平。

（2）风险评估整合。风险导向审计模式下，内部控制审计和财务审计都要求执行风险评估程序。这两种风险评估的目的是不一样的，内部控制审计实施风险评估的目的是评估与财务报表相关的内部控制是否存在显著缺陷，进而可能导致财务报表出现重大错报；财务审计风险评估是评估重大错报是否存在于财务报表中。

在风险导向的财务审计中，审计人员调查、了解企业的外部环境和内部环

境，识别影响企业经营活动的风险，评估内部控制对经营风险的防范效果，以及剩余经营风险对期末资产、负债的影响程度；检查企业是否设立了有效的内部控制制度，确保会计信息系统及时录入该会计事项，即剩余经营风险对期末资产、负债的影响；检查会计信息系统的内部控制是否有效，确保企业当期的所有交易业务按照现行会计准则及时、准确、真实记录，以确保账户的期末余额账实相符；根据内部控制评估的结果，针对内部控制在防范财务报表错报风险方面的不足，判断该内部控制缺陷是否会导致财务报表出现重大错报。因此，整合内部控制审计和财务报表审计的风险评估不仅可以节省审计时间，还可以优化审计质量。

（3）审计方式整合。在处于合理的内部控制设计的情形下，内部控制审计需要对内控进行测试以获取执行的有效性，以判断其是否得到了认真实施。但是，基于综合考虑审计效率和审计效果，审计人员在进行财务审计时既可以单独采用实质性测试方案，也可以采用实质性测试与控制测试相结合的综合性方案。

由于内部控制审计需要执行控制测试，整合审计应当采用实质性测试与控制测试相结合的综合性方案。此时，内部控制审计的审计结论可以充分运用于财务审计中。当内部控制审计的结论表明内部控制有效时，审计人员可减少财务审计实质性测试的数量，从而达到降低审计成本的目的。

（4）审计时间与审计资源的整合。由于人力资源有限，会计人员的审计计划可以根据审计目标、审计风险、获取审计证据的可能性来合理布置内部控制审计和财务审计的时间。一般情况下，内部控制审计主要安排在期中实施，财务审计主要安排在期末执行。

（二）不宜整合的审计事项

不宜整合的事项包括审计目标和审计报告。主要原因在于：
①鉴证对象不同。财务审计鉴证的对象是财务报表及报表附注，而内部控制审计鉴证的对象是内部控制制度。②评价鉴证对象的标准不同。财务审计采用的评价标准是适用的财务报表的编制基础，内部控制审计采用的评价标准是适用的内部控制规范。③审计报告内容不同。财务审计是对财务报表是否合法、公允发表意见，而内部控制审计是对内部控制是否有效发表意见。对于不适合整合的事项，审计人员应当分别为财务审计和内部控制审计确定审计目标，并分别出具审计意见。

四、财务审计与内部控制审计的整合优化策略

（1）政府监管层面。吸收优秀经验，规范我国整合审计制度，完善政府的出台相关文件。

(2) 会计师事务所层面。对于注册会计师而言，整合审计的出现对其专业技能提出了要求。事务所不仅要对注册会计师进行常规的如会计、审计的专业技能和执业经验等方面的培训，还应加强有关政策新规、企业的管理与运行方面的培训，从整体上提高审计人员的职业判断能力，将理论上的整合审计思路和流程与实务工作结合，使整合审计质量进一步提升。

第三节 社会监督与财务审计的客观性

一、社会监督

监督是指监察督促。社会监督是指权力系统外部的广大人民群众，依据宪法、法律和法规，通过各种形式和途径，对各种法律活动的合法性进行的不具有直接法律效力的监督。

（一）社会监督的特点

社会监督是一种政治权力系统外部对政治权力的监督，是一种自下而上的监督，是人民群众的直接监督，具有以下特点：

（1）基础性。社会监督是以广大人民群众为主体的监督，是整个监督体系中必不可少的重要环节，因此，社会监督是根本性和基础性监督。

（2）广泛性。社会监督具有明显的广泛性。社会监督的主体非常广泛，是广大人民群众；社会监督的客体非常广泛，监督的内容包括全部公共权力行为。

（3）软制约性。由于社会监督是属于政治权力系统外部的监督，主要是通过人民群众行使批评权、建议权、控告权及申诉权等途径来实现，监督主体本身不具备直接惩治权，无法对监督对象进行强制约束，更多的是一种批评性或者评议性的制约，因此，单独的社会监督的效果是有限的，必须与权威性监督结合起来才能真正发挥作用，具有软制约性。

（4）公开性。社会监督的主体是广大人民群众，属于多数人监督，具有很强的公开性。社会监督的一个前提是保障人民群众的知情权，只有知情权得到保障，参政权、监督权才能够实现，这就要求必须实行党务公开和政务公开。其他形式的监督主要是通过内部渠道和方式，在一定的范围内进行监督的，而社会监督往往是通过社会舆论来行使监督权的，容易在社会上造成较大的共鸣，影响范围较大，比其他监督形式有着更强的公开性。也因此，社会监督虽然不具有强制约束性，却有着很强的威慑力。

（5）灵活性。社会监督主体可以自由决定采取适当的具体手段，可以由当事者提出，也可以向有关机关反映或向领导机关检举，还可以通过新闻舆论媒体公开揭露进行舆论监督，甚至可以采取控告或者提起行政诉讼的方式，这就使得社会监督避免了层级的限制和程序的制约，具有其他监督形式无可比拟的灵活性。

（6）时效性。公共权力的行使与公民利益密切相关。国家机关及其工作人员行使公共权力的行为往往直接关系到人民群众的切身利益，所以人民群众不仅对其格外关注，而且对情况了解得比较清楚，感受更为深刻，反应最敏感，往往在第一时间就做出反应。另外社会监督具有很强的灵活性，不需要像其他监督方式那样按照程序需要经过许多环节和层次，因此，监督起来更加及时、迅速，具有很强的时效性。

（二）社会监督的类型

（1）公民监督。公民是指具有一个国家的国籍，并依据该国的宪法或法律规定，享有权利和承担义务的自然人。公民监督是指公民个人监督或者人民群众个人监督；是指公民（主体为公民个人）运用法律赋予的权利，通过批评、建议、检举、控告、申诉等方式，对各种合法活动的各要素（主要是政党、国家）及其运行情况进行审视、检查、督促。

（2）民间组织监督。民间组织，也称公民社会组织或市民社会组织，把现代社会分为三大部分：①政治社会，主体是政府；②经济社会，主体是企业；③公民社会，主体是除政府和企业以外的其他组织。这些组织根据自愿的原则组织起来，统称为非政府组织。

非政府组织主要具有特点：①非官方性，这些组织是以民间的形式出现的，不代表政府或国家的立场；②非营利性是以提供公益和公共服务为主要目标；③自主性或相对独立性，这些组织有独立的经济来源，拥有自己的组织管理机制，在政治上、管理上、经济上独立于政府；四是自愿性或志愿性，这些组织的成员是自由自愿参加的，而不是强迫的或自然形成的。

我国的非政府组织实际上有两种类型：①自上而下组织起来的，包括工青妇等在内的人民团体和社会团体，它们有较长的历史和较浓的半官方色彩；②由民间自发成立的，通常被称为草根非政府组织。这类组织才是真正意义上的民间组织。

民间组织监督主要方式包括：①直接参与党和政府决策，民间组织可以利用自身在资源、专业等方面的优势，对某些问题有着独到的见解，在党和政府决策涉及该领域时，可以以专家或专业的身份参与决策，既为党和政府科学决策提供服务，同时也对党和政府的决策进行监督；②通过意见表达，作为一种社会组织，民间组织在一定程度上形成自己的主张和观点，并利用意见表达的渠道和机会反映到党和政府之中，从而进入政府决策过程；③监督党和政府行为，民间组织由于数量大、范围广，在社会监督方面具有一定的优势，可以对国家权力形成无处不在、无时不有的监督。

（3）利益群体监督。随着市场经济的发展，出现了某些利益集团属性的团体。利益群体是指基于共同或基本一致的利益地位和需求的人所构成的正式或非正式的社会群体。利益群体既可以相对稳定的社会组织形式存在，也可以松散、无固定组织、变动性大、流动性强的个体总和。

利益群体主要特点包括：①组成的宽泛性；②存在的历史性；③成员和利益的交叉性；④群体的集合性；⑤利益的一致性；⑥类型的多样性；⑦结构的多元性；⑧内在的矛盾性。利益群体是社会监督的重要力量之一。利益群体往往对涉及自身利益的事情会特别关注，当然，对社会普遍关注的问题，也会给予积极关注。这种关注就是监督。

（4）社会舆论监督。社会舆论监督是指广大人民群众借助新闻媒体形成舆论力量进行披露、建议乃至批评以促使其纠正偏差或受到惩处的社会监督活动。舆论监督的载体即监督媒介，主要是指报刊、广播、电视、网络等传播媒介，在当今信息化时代，特别是网络等新兴媒介。舆论监督具有的特性包括：①监督主客体的广泛性；②监督方式的公开性；③监督影响的及时性；④监督效果的威慑性。舆论监督是社会监督的重要形式之一，也是人民群众进行监督的重要途径，在社会监督中具有其他监督形式所不可替代的独特的作用。

二、财务审计的监督作用

财务审计是审计机关对国有企业的资产、负债的真实性、准确性、合法性进行严格的审计监督，其监督过程遵守相关条例，企业需要将会计报表信息做出真实、客观的评价，并由此形成审计报告。其审计目的便是使得企业财务部门有效遵守规定，依法办事，防止贪污受贿等违规问题的出现，为建设廉政社会而创造机会，加大宏观调控力度。财务审计的遵循目标包括：

（1）准确性。准确性是指对报表项目通过分析、汇总，准确地列入会计报表中。

（2）合法性。合法性是指要求财务报表的结构、程序与内容等方面都严格遵守相关法律，其中包括对成本计算、报表合并、存货计价、销售确认等方法进行有关部门的批准，检查是否有违规项目。

（3）完整性。保障会计账簿内容里记录了在会计程序中发生的一切事情，并且在会计报表中完整列入，防止某些记录的错误与遗漏甚至对审计部门的有意隐瞒。

（4）真实性。真实性是指在财务账簿中的记录都具有真实性，确认在会计期间真实发生过，与账户记录相同，保证没有虚报资产与虚无的收入和支出现象发生。

（5）公允性。公允性是指在会计数据的处理过程中，必须保证前后所使用的数据一致，在各项目间与会计报表间所使用的相关财务数字保持一致。

三、社会对财务审计监督实施路径

（一）建设审核与监督人员队伍

1.明确审核与监督人员的职业道德

（1）审核与监督人员职业道德的重要性。审核与监督人员职业道德是指内部审计的职业素质、职业品德、专业胜任能力以及职业责任的总称。审核与监督人员职业道德规范是对人员职业行为的标准规范。

（2）审核与监督人员职业道德的目的。制定审核与监督人员职业道德规范的目的，具体概括为以下三个方面：

1）确立衡量审核与监督人员行为的道德标准，约束审核与监督人员的职业行为，促使审核与监督人员恪守独立、客观、正直、勤勉的原则，以应有的职业谨慎态度提供各种专业服务，有效发挥审核与监督人员的监督、评价与服务作用。

2）明确审核与监督人员的职业要求和职业纪律，促使审核与监督机构与人员遵守审计准则及相关的职业准则；不断提高技术技能和道德水准，维护和提高审核与监督人员的职业形象；取得外界的理解和支持，增加外界的信赖。

3）明确审核与监督人员的职业责任，维护审核与监督人员的正当权益，维护国家利益、组织利益、员工利益，保护投资者和其他利害关系人的合法权益，促进社会主义市场经济的健康发展。

（3）审核与监督人员职业道德的要求与素质。

1）审核与监督人员职业道德的含义。审核与监督人员职业道德是指对审核与监督人员的职业品德、职业纪律、专业胜任能力及职业责任等的总称。职业品德是指审核与监督人员所应当具备的职业品格和道德行为，是职业道德体系的核心部分，其基本要求是独立、客观、正直、勤勉；职业纪律是指约束审核与监督人员职业行为的法纪和戒律，尤指审核与监督人员应当遵循职业准则及国家其他相关法规；专业胜任能力是指审核与监督人员所应当具备的胜任其专业职责的能力；职业责任是指审核与监督人员对国家、组织、员工和其他利害关系人所应当履行的责任。

2）审核与监督人员职业道德的要求。要求包括两个方面：①严格遵守中国审核与监督相关准则与规定；②不得从事损害国家利益、组织利益和审计职业荣誉的活动。

3）审核与监督人员的素质。素质主要包括：①审核与监督人员需要有高度的责任感和使命感,认真履行法律赋予自己的神圣职责,始终保持坚定的政治立场,不断增强政治意识、政治敏锐性和政治责任感,依法履行审计监督职责,努力做一名人民利益的忠诚捍卫者,为经济建设保驾护航;②审核与监督人员需要有正确的世界观、人生观、价值观,这是每个审核与监督人员必须具有的最基本的政治素养。坚持自尊、自重、自律原则,牢固树立正确的世界观、人生观、价值观、荣辱观,实现自我完善。在审计工作岗位上,诚实守信,勇于开拓、积极进取,严格执法、依法审计,规范审计行为,提高审计质量,认真履行其职责,高质量地完成本职工作。

(4) 审核与监督人员职业道德的原则。审核与监督人员所应具备的职业道德的原则如下:

1) 独立原则。独立性是审计的基本特征,是审计的灵魂。独立原则是指审核与监督人员执行审计业务应当在形式上和实质上独立于审计对象。独立原则要求审核与监督人员与审计对象之间必须毫无利害关系,在形式上的独立,审核与监督人员必须在第三者面前显现出一种独立于审计对象的身份,即在他人看来,审核与监督人员是独立的,这样才能使审核与监督结果为使用者所信任。

保持独立性的措施,审核与监督机构负责人要重视独立性,并要求审核与监督人员保持独立性;制定有关独立性的政策和程序,包括识别损害独立性的因素、评价损害的严重程度以及采取相应的维护措施;建立必要的监督及惩戒机制以促使有关政策和程序得到遵循;及时向所有人员传达有关政策和程序及其变化;制定能使员工向更高级别人员反映独立性问题的政策和程序;将独立性受到损害的审核与监督人员调离审计小组。

2) 客观原则。客观原则是指审核与监督人员对有关事项的调查、判断和意见表述,不受外来因素的影响,应当基于客观的立场,以客观事实为依据,实事求是,不掺杂个人的主观愿望,也不为委托单位或第三者的意见所左右;在分析、处理问题时,不能以个人的好恶或成见、偏见行事。要求审核与监督人员在执业中必须一切从实际出发,注重调查研究。它和独立性密不可分,是审计人员在进行审核与监督活动时应坚持的一种精神状态。

3) 正直原则。正直原则是指审核与监督人员应当将国家、组织、员工利益置于个人利益之上,正直、诚实,明辨是非,坚持正确的行为、观点,不屈服于压力,按照法律及职业要求,遵守法律,不偏不倚地对待有关利益各方,不应牺牲一方利益为条件而使另一方受益。

4) 勤勉原则。勤勉原则是指审核与监督人员应勤勉工作,以减少因疏懒而带来的错误、疏忽和遗漏,降低审计风险。

5) 廉洁原则。廉洁原则是指审核与监督人员在履行职责时,应当保持廉洁,不得从被审计单位获得任何可能有损职业判断的利益。

(5) 审核与监督人员职业谨慎与判断。

1) 职业谨慎。应有的职业谨慎要求审核与监督人员应该具备谨慎的态度和技能。审核与监督人员在实施审核与监督活动时，应具备一丝不苟的责任感，秉持应有的职业谨慎，注意评价自己的能力、知识、经验和判断水平是否胜任所承担的责任，严格遵守职业技术规范和道德准则，对其所负责的各项业务妥善规划与监督。

根据所审查项目的复杂程度，运用必要的审计程序，警惕可能出现的错误、遗漏、消极怠工、浪费、效率低下、利益冲突等情况，还应小心避免可能发生的违法乱纪的情形等。对于审查中发现的控制不够充分的环节，应提出合理可行的改进措施。

应有的职业谨慎只是合理的谨慎，而不是意味着永远正确、无差错，审核与监督人员只能是在合理的限度内开展检查和核实的工作而不可能进行详细的检查，审核与监督工作并不能保证发现所有存在的问题。

2) 职业判断。审计职业判断是审计工作的重要组成部分，它贯穿审计工作的全过程，从对被审计单位的选择、内部控制制度测试结果的评估、重要性原则的运用、审计抽样方法的选择及其结果的评价，直至决定审计意见的表达，都离不开审计人员的职业判断。职业判断水平的高低将会直接影响审计工作的成败。因此，合理使用职业判断、提高职业判断的准确性是降低审计风险和实现审计目标的一个重要途径。职业判断除了依据专业标准外，在较大程度上还依赖于审计人员的自身经验，通过审计人员的职业判断可以将审计风险降低到一个合理的可接受水平。职业判断的准确性程度越高，审计风险水平就越低；反之则相反。职业判断能力是审核与监督人员学识、经验、能力和道德水平的综合反映。

(6) 信息披露与保密。

1) 信息披露。审核与监督人员有责任将审计过程中所了解的重要事项如实进行反映，在审计报告中应客观地披露所了解的全部重要事项；否则，可能使所提交的审计报告产生曲解或使潜在的风险不为组织的管理层所重视。在审核与监督活动中，审核与监督人员可能会碰到这样一种情况，即发现一些可能会对组织产生重大影响的现象，但是又没有充分的证据表明一定会产生影响。在这种情况下，审核与监督人员不能隐瞒这些事项，应当在审计报告中进行客观的披露，但不能随便得出结论。审核与监督人员在以下情况下可以披露被审计单位的有关信息：①取得被审计单位的授权；②根据法规要求，为法律诉讼准备文件或提供证据，以及向有关机构报告发现的违反法规行为；③向组织适当管理层报告有关信息。审核与监督机构应制定严格的审计档案管理制度，限制无关人员对审计档案资料的接触。

2) 保密。由于审核与监督工作的性质决定了审核与监督人员经常会接触到组织的一些机密的内部信息，审核与监督人员对于执行业务过程中知悉的商业秘密、所掌握的被审计单位的资料和情况，应当严格保守秘密。这一责任不因审计业务结束而终止。

在审核与监督机构及外勤工作处所以外的任何地点和场所均不应谈论可能涉及被审计单位机密的情况；除非得到被审计单位的书面允许或法律、法规要求公布者外，不得提供或泄露给第三者，也不能将其用于私人目的；要防止因为这些信息与资料的泄露给组织带来损失；还应当采取措施，确保协助其工作的业务助理人员和专家信守保密原则。当然，保密责任不能成为审核与监督人员拒绝按专业标准要求揭示有关信息、拒绝出庭做证的借口。

在通常情况下，审核与监督人员应当对执业过程中获悉的被审计单位的信息保密，但是如果被审计单位存在违法、违规行为，就面临着法规强制审核与监督人员披露信息的要求。

2. 完善的用人制度

建设财务管理、监督人员队伍，需要制定完善的用人制度，在每次的用人审核过程中，不仅对其专业知识技能进行审核，还需要观察其实践能力。财务监督操作与理论密不可分，尤其是在财务账目的审核、现金流动等方面，需足够的实践能力，要在既能保障时间的条件下，又保障审核质量。在人事调配过程中，需因人而异，根据不同人员的擅长方向不，安排其合适的岗位，各司其职，相互配合，只有这样，才能保障财务系统有序进行，防止国有资产浪费。

（二）建立健全人员培训制度

1. 提高管理人员的整体素质水平，审核、培训制度必不可少。

培训制度包括对专业知识培训、实践能力培训、创新能力培训、思维模式培训、法律意识培训、管理意识培训等。这说明了要想加强人员的实践能力，必须提高其思想教育，如个人理财观念、诚信理念；从负责人员入手，进行教育的强化，在培训过程中，可采取某些趣味性方式进行开展，如个人评比、讲座培训、实地培训、团体小组合作等。这些方式可以有效对专业知识进行培训。

2. 提升审计人员职业胜任能力的策略

（1）掌握专业知识，关注重点风险。

1）熟练运用专业知识，丰富知识。专业知识是内部审计人员职业胜任能力的核心内容，是内部审计职业赢得社会地位和信任的基础保障，是影响内部审计质量的关键因素。企业在招聘审计人员时应注意不同知识背景人员的合理搭配，同时内部审计人员应通过学历教育、后续教育、职业资格考试等途径不断丰富自己的专业知识。

2）拓展产业知识，提高商业敏锐度。当前商业环境越来越复杂，不确定因素与日俱增。增值型内部审计对于风险管理、内部控制的重视，要求内部审计人员必须拥有实践经验，了解产业知识，具备商业敏锐度，熟悉企业的运作流程及营运模式。从会计师事务所、同行业其他企业中招聘富有经验的专业人才，实行内部审计岗位轮换，从其他职能部门中选拔优秀人员，使用客座审计员等措施，是拓展审计人员产业知识的有效途径。

3）提升对舞弊风险的敏感性，保持良好的内环境。审计人员要基于多元化的思维，辨别舞弊的关键要素和执行过程中的关键点。应对舞弊应注意的内容包括：①争取管理层的认同和支持；②采用头脑风暴法讨论可能的舞弊；③详细描述各舞弊案件的控制活动；④在组织中设立舞弊热线和邮箱，搜集各方面的线索；⑤确定组织对采购等关键敏感岗位是否实行定期轮换制度，是否制定有反舞弊程序和制度，并让全体员工熟知。

4）聚焦于策略与营运风险，把握焦点问题。风险与控制对董事会和管理层来说尤为重要。组织应当在董事会和监事会的协助下，充分认识风险评估和应对的重要性，同时管理层对与其职能相关的风险保持高度兴趣。内部审计人员聚焦于风险与控制来提供审计服务具有重要的增值意义。

5）关注新兴科技，把握机遇与挑战。关注社会化媒体，社会化媒体被广泛运用于整个企业，相关的风险可能存在于同一时间针对企业多个部门造成负面的影响；我国对信息技术的治理不重视，对社会化媒体的风险不够关注，因此更加重了该类风险；社会化媒体带来的风险不言而喻。社会化媒体带来的主要风险有品牌和声誉受损、数据安全受到威胁、违反相关监管规定、数据泄露以及病毒和恶意软件入侵等。

内部审计人员需要了解如何、何时、何地控管此类风险，并与董事会、管理层、部门主管和业务负责人协作，评估企业的社会化媒体管理能力，建立跨部门及全面性的且具有足够灵活度的社会化媒体政策及策略，以适应不断变化的科技环境进步，来维护及强化品牌价值，并确保企业所有职员都持续遵守这些准则，确保企业的风险概况与企业文化和整体控制环境相吻合。

审计人员需要尽快具备控制云计算风险的能力，可以考虑以下措施：在策略方面，随时掌握网络黑客的最新动态，建立多层次的安全防范以及控管机制，安排专人负责系统安全的维护，建立与网络安全公司的全方位合作；在管理方面，强化系统远程登录的控管，重视系统实体设备的安全防护，对离职员工进行管理与追踪，关注来自企业内部的安全威胁，落实教育训练增强员工危机意识，加强对外的系统管理，对企业信息系统定期进行安全防护检测，对系统数据定期进行备份，以防不时之需；在厂商方面，提升防护层级，加强技术深度，考虑改用云端架构，改变观念，以租代购，交由专业厂商协助，等等。

随着企业对信息系统的使用和依赖程度的提升，信息系统中存储的大数据在与日俱增，利用先进的技术手段进行的舞弊活动也自然越来越多。为了与时俱进，有效防范和发现这种舞弊活动，内部审计人员自身也需要应用更先进的技术和工具。内部审计的特殊位置使其在识别舞弊方面具有特殊重要性。内部审计人员要基于多元化的思维，善于进行批判性的思考，维持好奇心，运用专业上的质疑，利用流程分析、商业知识及解决问题的技术，识别舞弊的关键风险因素。内部审计人员必须不断加强对信息技术领域的重视，明确地辨识企业的关键系统与数据，并清楚地了解其用途、架设的环境及组织内外权限需求以评估风险领域并规划相关措施，不断提升相关知识与技能，以提高为企业提供增值服务的能力。

（2）提升个人技能，创造价值增值。

1）保持顺畅的沟通，建立良好的信任与互动关系。审计沟通对象包括董事会、高级管理层、适当管理层、被审计单位、各职能部门、外部相关机构、内部审计机构中的其他成员及外部专家等。审计人员应采取口头沟通与书面沟通、正式沟通与非正式沟通、语言沟通与肢体沟通等不同方式，在审计工作开展的不同时间，针对不同沟通对象开展有效的沟通。审计人员应具备的沟通技能包括：了解组织运行环境；精通审计业务；宣传审计目的；彼此尊重与信任；巧妙设计提问；善于倾听并保持耐心；以具有建设性的方式沟通；定期与董事会（审计委员会）或高级管理层会面并保持互动，等等。

2）有效运用批判性思维，提高专业判断能力。批判性思维是个体对于任何信念或假设及其所依据的基础和进一步推导出的结论所进行的积极、持久和周密的思考。显然，内部审计工作离不开批判性思维，它与审计专业判断、审计应有职业谨慎等概念结合在一起，贯穿于审计的整个过程，并影响着审计目标的有效实现。批判性思维要求审计人员能抓住要领，维持好奇心，富于机智灵气，善于运用专业质疑，基于严格推断，进行清晰敏捷的思维。要达到该要求，内部审计人员需要加强批判性思维的知识及训练，包括通过学历教育、后续教育和职业资格考试等途径，增加哲学方法论基础和逻辑学基础；通过不断的思维实践，塑造和提高自己的批判性思维特质。

（3）运用审计工具与技术，提高工作效率。面对企业规模扩大、交易量上升、业务复杂、舞弊手段高明、信息化使用日趋普及等企业实际，传统手工审计面临着严峻的挑战，开展持续审计是解决问题的必要措施。鉴于持续审计在提高审计效率、降低审计成本、扩大审计覆盖面、实现业务一体化管理等方面的强大功能，内部审计人员应尽快掌握自动化知识管理与分享、自动化工作底稿与风险评估、自动化问题追踪与报道、数据挖掘及分析等持续审计所需要的基本技能。

（4）提高职业道德修养，赢得利益相关者信赖。职业道德是内部审计人员职业胜任能力的基础与保证，是影响审计质量的关键因素。内部审计职业得到的信任是基于其对风险、控制与治理确认过程中的客观性，因此内部审计人员应将职业道德规范作为其从业的立身、行事标准，将专业知识作为其发挥价值的牢固地基。要保持自己在职业上的诚信、客观、保密和职业胜任能力，以正确的价值观、良好的职业操守和职业进取赢得利益相关者的信赖。因此，内部审计人员要严格要求自己，保持形式上和实质上的独立性。

（三）深入完善财务监督体系

为了加大企业的财务监督力度，建立健全财务与监督机制，需保障人员岗位的合理性，明确财务工作中每个岗位的负责人员，落实到个人，保障发生纰漏时能够准确找到负责人员进行有效改正，可防止推卸责任的现象出现，在加强内部审计工作制度中，要规范财务审批程序，国有资产的审核制度进行强化，尤其是对于资产的使用情况进行监管，不定时进行盘查，提高工作人员的警觉性，防止违法乱纪的行为出现。同时加大社会与媒体等的监督力度，配合企业内部完成审查程序。

1.国外财务监督体系

（1）德国财务监督体系。德国企业中不单独设立审计委员会，企业的财务监督主要由企业内部的监事会来实施。由于德国企业的股权分布相对集中，大部分的股东都可以通过向企业的监事会委派代表来获取企业财务信息，其他利益相关者也可以用同样的方法获取企业财务信息。这样，监事会作为负责企业财务监督的主要机关，同时又被股东、企业职工和银行等共同控制，因而企业股东、职工、债权人等利益相关者之间的相互制衡可以体现在监事会对管理董事会的监督机制中。监事会主导的财务监督主要有以下特点：

1) 职工参与共同决策制度。德国企业的共同决策制度具体体现为两种形式：①建立企业员工委员会，由其代表企业员工参与企业决策；②直接派员工代表进入企业的监事会与管理董事会，使得企业员工能够在更高层面上行使权利。共同决策制度，充分体现了保障公平的原则，改变了企业的权利结构，并形成了股东与员工之间的利益协调机制。共同决策制度使企业决策得以公开，这不仅有利于企业的稳定和持续发展，也利于对企业的经营监督。

2) 商业银行监督制度。银行是德国企业公司治理的核心。由于银行既是公司的大股东，又是中小股东的代理人，同时还是公司信贷资金的主要供应者，银行对企业的财务监督作用不容小觑。在德国，银行还进行间接持股，即代替个人股东保管所持有的股票，而股东也会将自己的投票权转让给银行行使。因此，各大企业的股权往往都集中于银行，这也使得银行作为大股东有足够的动力去监督企业的状况，以防止投资损失。通常，在企业经营状况良好时，银行并不会主动干预企业正常的财务活动，而当企业经营状况恶化时，银行就会对企业的财务行为进行干预，必要时，还会通过股东大会或监事会对企业经理人员进行更换。

3) 管理董事会的日常财务监督具有很强的内部监督色彩。管理董事会是为了进一步落实企业自主经营而设立的业务执行机构。德国公司法规定,管理董事会由监事会和职工共同任命,对外代表企业,对内向监事会负责。管理董事会的主要职责是履行代理经营职责,实施监事会的各项决策。

但在公司内部,职业经理人和企业员工代表组成的管理董事会成员,其利益的一致性必将导致日常经营中的财务监督工作致力于关注员工工作的稳定性、产值和员工待遇的增长,而这都损害投资者的利益,也不能有效发挥财务监督促进提高经济效益的作用。

(2) 日本财务监督体系。在日本社会价值观及企业经营目标的大环境下,日本企业的财务监督自然追求的是维护利益相关者的利益。目前日本企业的财务监督主要通过监事会、审计委员会以及主银行派遣代表来执行。

1) 监事会的监督。日本企业中的监事会又叫作监察委员会,监事会成员叫做监察人。监事会是一种审计制度。监察人监督的目的主要是保护利益相关者的利益。日本企业的监事会权利较小,只有监督权,没有决策权或改变董事会决策的权利。监事会的财务监督权包括:监事会有权调查企业的财务状况及账目,有权要求董事会及经理人员报告企业的财务状况,有权检查会计师事务所的审计报告;监事会有权参与选聘和解聘会计师事务所的决议;监事会成员有权派代表列席董事会,有权质询企业的财务及经营状况,并提出意见。日本会计监察人的职能类似于美国企业中的独立董事,主要是为了弥补内部监督的不足,防止企业内部监察人与企业经营者相互勾结,是一种加大企业监督力度的手段。为了充分发挥会计监察人财务监督的职能,特例法授予了会计监察人广泛的权利,包括:可以随时查阅企业的财务账簿,调查企业的财产状况,或要求企业高层管理人员提供财务报告;可以随时要求子公司提供财务报告或调查子公司的业务及财务状况。

2) 审计委员会的财务监督。由于日本企业中交叉持股现象十分普遍,董事会成员由法人股东代表组成,但事实上,董事会的实际控制权往往为核心董事所掌握,长此以往容易导致内幕交易,进而诱发利润操纵,损害中小股东利益等不法行为的产生。因此,提出了由外部董事组成的审计委员会。由外部董事组成的审计委员会只是为了规避内部人控制的影响,加强企业财务监督的效果,保护利益相关者的利益,其财务监督的职能与监事会类似。

3) 法人股东的财务监督。日本企业的主要股东是企业和主银行。主银行在一个企业中拥有大量的股权和债券,主银行是一个企业最大的股东和债权人。主银行的财务监督主要在相机治理机制中实现,包括:①事前监督。事前监督是指主银行对企业所提出的投资项目的经济价值进行评价和考察,以避免所投资项目的利润和风险等重要信息不对称而产生"逆向选择行为";②事中监督。事中监督指主银行派遣人员担任企业的财务董事或经理人员以监督经营管理人员的经营决策活动，杜绝经理层的机会主义行为；③事后监督。事后监督是指主银行对于经营状况不佳的企业给予监控和校正。在企业经营状况良好时，主银行只是"平静的商业伙伴"并将治理权留给企业；而一旦企业因业绩恶化出现财务危机，主银行就会积极地干预企业的治理，并利用其特殊地位，向企业派遣董事或更换高层经理人员。主银行在天然地行使其债权人的监督权力的同时，又能发挥其股权所有者的监督功能。这种双重的监督体制，既能有效监督经营者，又能确保银行资本的安全和高效运营，从而成为日本企业在战后缺乏股东和市场监督的情况下，依旧可以高效经营的最优选择。主银行制度为日本以银行为中心的企业集团提供了一种有效约束经营管理人员行为的高效的监督系统。

2. 国内财务监督体系

财务监督效率的提高应重点从财务监督权利资源的有效配置来进行，考虑企业契约参与者的利益，有效的财务监督需要企业契约参与人分享企业的监督权力。建立财务监督体系的关键是明确企业财务监督的主体。企业内部分为两大利益群体，即所有者和经营者。企业所有者将企业委托给职业经理人进行经营就必然要建立监督和控制体系，于是就形成了所有者财务学；经营者为了解除受托责任，就必须努力经营好企业的资本运营，于是就形成了企业财务学，即经营者财务学。企业的财务监督体系应分为三个层次：

（1）所有者财务监督。企业的财务监督应首先表现为所有者对经营的财务监督。所有者应是主要的监督者，经营者是主要的被监督者，两者构成产权含义上财务监督的主轴线。企业所有者财务监督主体如下：

1）监事会的财务监督。监事会是对董事会及其成员和经理等管理人员行使监督职能的公司专门监督机构。监事会的性质是一种公司内部监督机关，监事会有权对公司的董事会及其他高层管理人员进行监督；从权利来源来看，监事会一般是由企业投资者共同选举产生，其监督权来自企业资本所有权，在两权分立下，监事会是投资者的监督权执行者之一。对于企业，监事会成员由国有资产管理委员会（国资委）和企业职工代表大会共同选举产生，国资委负责从监事会成员中指定监事会主席。

财务监督应该是监事会履行职责的起点与基础。通过财务检查，监事会可以了解企业的内部控制有效程度、企业的投融资状况、企业的供产销情况等一系列企业经营管理的中心环节。检查公司财务，监督公司高级管理人员的财务行为是监事会的主要职责。因此，监事会的财务监督职能是法律所赋予的职责。监事会应以财务监督作为履行职责的基础、起点与核心。

企业监事会以财务监督为履行职责的核心，主要考虑：①在我国经济体制改革中，建立国有企业现代企业制度的需要。建立现代企业制度，就必须规范和完善企业的治理结构，避免企业内部人控制的情况，应形成股东授权、董事会决策、监事会监督、经理层执行的治理结构，形成各负其责、职责明确、相互制约的企业经营管理机制。由国资委主导的企业监事会制度就是顺应这种需要产生的；②维护企业投资者权益的需要。监事会作为企业所有者的代表，通过财务检查等手段加强对管理人员的监督，确保财务信息的真实可靠，将有利于维护投资者的资本权益；③加强企业管理，保护国有资产安全的需要。企业为了在竞争激烈的市场中生存，管理者就必须了解和掌握以财务信息为核心的各种信息，通过比较与分析迅速进行决策，在市场中掌握主动权。监事会通过改善企业财务管理，有利于管理者科学决策，是国有资产保值增值的需要。

完善监事会制度的建议包括：

提高监事会独立性和执业胜任能力。独立于董事会和经理层是监事会有效履行其财务监督职能的首要条件，经营者在经济上或组织上制约监事会，监事们就很难再发表与经营者相左的意见。所以，监事会中应当有相当比例的监事来自企业外部。同时，这些来自外部的监事，更多地应考虑从其他企业的经营者或社会中介机构中选任，而不是从政府部门组织的离退休人员中选任。由于监事会的主要职能是对经营者实施财务监督，具备必要的财务知识和执业能力应该是监事的基本素质。因此，监事会成员中应有一部分具有财务、法律、审计职业经验的人员。对于合理选任的职工代表监事，应当加强其财务、法律、审计方面的知识技能培训，应规定其在正式担任监事前接受一定数量的职业培训。

明确监事义务，强化监事责任。我国有必要根据企业的特征，并结合国外立法的现实经验，严格规定监事作为一个管理者所应承担的注意义务。为保证监事们勤勉的履行义务，还应加强对于监事的问责机制。

增加监事的权力。明确规定监事的权利，并相应制定保障监事权利的措施。虽然会计人员具有法律所赋予的监督义务，但会计毕竟是企业的会计，他们首先是企业的一名员工，他们的薪酬、晋升、任免都由他们企业高层经营者所决定。因此，改善会计人员在法律义务与自身利益之间尴尬的处境，将会计部门负责人的人事任免权交由监事会行使；拓展监事的信息来源，有利于改善监事会的监督效率。

2）审计委员会的财务监督。我国的审计委员会制度源于独立董事制度。以独立董事为主的薪酬考核委员会、审计委员会，并充分发挥其作用。自此，我国企业中，主要由独立董事组成的审计委员会制度正式确立，并全面执行。近年来，国内外不断爆发的财务舞弊案件，严重损害了投资者的经济利益，极大地挫伤了投资者的信心，在国际上产生恶劣的影响。独立董事制度是审计委员会建立的基础，审计委员会从董事会的监督职能中独立出来，是专业委员会能够各司其职，成为股东监督职能的一个保证机制，以维护股东利益及社会利益。

同时，审计委员会代表董事会对经营者行使财务监督职能，目前更是成为现代企业中监督的重要手段。有效的审计委员会能够帮助董事会监督管理业绩和实施监管责任。审计委员会的职能应定位于，通过财务监督来实现对经理层的独立监督以维护全体股东的利益。

财务总监在负责企业日常经营中的财务管理工作外，还负责审核企业财务报告的真实性与准确性，并及时向董事会反馈。同时，财务总监还负责对董事会通过的企业经营计划，财务决策的执行情况进行日常监督，财务总监的财务监督工作贯穿于企业日常经营活动的始终。审计委员会是企业董事会下设的专门行使财务监督职能的机构，审计委员会不仅负责监督企业财务信息真实性还负责监督企业的内部控制与经营风险，同时审计委员会也是连接企业与注册会计师之间的纽带，审计委员会的存在减少了经理层对外部审计的干扰，阻止了经理层对外部审计人员的不当控制，保证发挥外部审计的鉴别力。审计委员会和财务总监的互相配合，有利于减少经理部门的机会主义行为，从而使董事会充分发挥作用。

在缺乏有效的外部市场监督机制的背景下，为了维护利益相关者的经济利益，就有必要在董事会中建立审计委员会等各个专业委员会，以提高董事会运作效率；在企业所有者缺位的前提下，为了维护利益相关者的利益，更有必要加强董事会的独立性，以改善企业内部的监督机制。

由于人员构成的差异，二者在维护相关者利益方面的优势也有不同。监事会和审计委员会在维护全体股东利益方面，并没有本质上的冲突，二者通过互相配合加强对经营者的监督，将有利于维护全体股东的利益。

改善审计委员会制度以下建议：明确审计委员会和监事会的职能分工。审计委员会监督的重点是保证上市公司对外出具财务报告的真实性和完整性，主要是对公众负责；监事会是针对公司财务中出现的问题，提出建议和意见，主要是为了加强上市公司的经营管理。同时，为了划分二者的职责，二者的监督方式也应有所差别，审计委员会是董事会下属的专业委员会之一，其组成成员均为董事会成员，享有一定的决策权，一项决策的作出，从前期策划、中期控制到后期执行他们均可参与，可以进行有效的全程监督。因而，审计委员会的监督应该是一种事中监督、过程监督。目前，监事会虽可列席董事会会议，但却没有决策权，除非出现重大违法和违反公司利益的状况，否则他们无权采取任何措施。所以，监事会的监督应明确为是"对企业高级管理人员执行职务期间的行为实施监督，并对违反法规、公司制度以及股东大会决议的高级管理人员提议罢免"以及"当董事、高级管理人员的行为损害公司的利益时，要求董事、高级管理人员予以纠正"因此，监事会的监督应是一种事后监督、结果监督。

增强审计委员会的独立性。为了防止外部审计受到来自经理人员的胁迫，审计委员会制度作为一种填补所有者缺位、平衡外部审计与企业的代理关系的监督机制出现。独立性是审计委员会能够有效履行监督职责的重要前提。独立的审计委员会将要求更高的鉴证服务，支持外部审计人员实施更多的测试。审计委员会对经理人员的有效监督，将有助于增强外部审计的独立性。但在所有者缺位的背景下，企业经理人往往掌握了审计委员会的选聘权利。这种由被监督者选聘监督者的状况必然导致审计委员会的独立性缺失，弱化其监督的效果。

为了增强审计委员会的独立性，首先，在公司治理中建立利益相关者参与机制。组建一个由中小股东代表、债权人代表以及独立董事等利益相关者组成的审计委员会，并由其全权负责会计师事务所的聘任工作；其次，完善独立董事的聘任制度。作为审计委员会的重要成员，独立董事在经济上与企业存在牵连，最容易导致其独立性的丧失，使审计委员会受到经理人员的影响；建立审计委员会信息披露机制。例如，定期在媒体上公布审计委员会的会议记录与人员聘任信息，使公众得以对审计委员会进行评价。这种机制有利于审计委员会工作的公开化与透明化，不仅有助于提高审计委员会的独立性，还有助于督促委员会成员更加勤勉地工作。

完善独立董事制度。除了改善独立董事的聘用与薪酬制度外，还需要对独立董事的责任和义务进行法律上的界定。独立董事具有独立性，但并不意味着独立董事完全游离于本公司之外。企业的整体利益并不仅仅指大股东或股东的利益，由于企业的特殊性质，公司的整体利益应包括股东的利益、债权人的利益、职工的利益等多个方面。企业的独立董事应在维护股东利益的基本前提下，充分关心其他利益相关者的利益，这才是独立董事对企业整体利益负责的真正含义。

在明确了独立董事的责任后，还要明确怎样履行其责任，及独立董事在工作中应尽的义务。作为企业的财务监督主体之一，为履行其责任，独立董事应负有合理的"注意义务"。作为企业的独立董事，他们应该明白自己绝不同于企业的一般顾问或名誉管理人员。若属于履行职责，给企业造成损失，独立董事就应承担民事赔偿责任。独立董事应该明白，独立性绝不是自己逃避责任的借口，而是昭示着其应该勤勉地履行义务。

3）财务总监监督。财务总监又称首席财务官。财务总监的基本角色和职能是代表出资者在财务或价值层面上对其代理者（经营者）进行监督。财务总监是企业的高级管理人员与决策层，有权参与企业的经营管理及重大决策的制定。此外，财务总监也负责监督企业财务运行的全过程。在公司治理中，财务总监首先代表股东的利益对董事会的财务行为进行监督，其次作为企业财务工作的第一领导人，财务总监全面参与主导企业内部财务控制系统，以力求增加企业的价值。

财务总监委派制是我国会计管理体制改革的产物，企业的财务总监委派制是指在企业的经营权与所有权相分离的情况下，由国有资产管理部门委派入驻到企业，并对企业经营中的各项经济活动实施监督控制的一种管理措施。委派财务总监一般是经产权管理部门直接委派（以深圳、四川、湖北等为代表），按法定程序进入企业董事会，对董事会和委派部门负双重责任，并在董事会的领导和委派部门的指导下展开工作；或经上级党组织批准后由企业的董事会来聘任（以上海为代表），主要对董事会负责。财务总监在企业的行政职位一般不低于行政副总。

委派财务总监入驻企业，约束了企业管理人员在国有资产管理和处置中的随意性，有利于督促他们自觉遵守国家的有关政策与法规，规范自己的行为。具体而言，实行财务总监委派制的必要性有两点：①所有者缺位导致所有者财务监督效率较低。财务总监是在两权分离的现代企业中，代替企业所有者对经营者财务行为实施监督的职位。财务总监制度的引入，有利于所有者及时获取企业经营信息，改善所有者财务监督的效率，防患于未然；②财务总监委派制是"两权"分离的必然产物。财务总监委派制源于现代企业代理理论。在所有权与经营权分离的企业中，所有者与经营者之间存在一种委托管理资产的代理关系。但由于两者是相互独立的"理性人"，他们各自的利益并不完全相同。再加上两者之间的信息不对称，位于企业外部的所有者凭借自己的能力很难全面掌握经营者的行为。经营者"道德风险"和"逆向选择"的问题难免发生。而财务总监委派制的出现，不仅有利于降低代理成本，还有利于强化所有者对企业财务的控制权，是对企业法人治理的完善。

企业财务总监委派制的特点：①针对性较强。财务总监参与企业财务计划的制定，并与总经理对企业财务实行联签制度。这种财务总监与经营者共同决策又互相制约的制衡机制，将有效制约经理人员权利的膨胀。同时，由于财务总监只对财务活动实施监控，其行为并不会影响到企业的正常经营管理活动。财务总监委派度的实施，是改善所有者缺位的企业中内部人控制问题的有效措施，是一种针对性较强的控制机制；②财务总监独立性较强。被委派的财务总监受政府国有资产管理部门的领导，在人事上并不受制于企业。同时，在财务总监委派制的试点城市，大多政府都规定，被委派的财务总监，其薪酬由当地国有资产管理部门负责。在经济上和人事上不受制于企业，使财务总监具有较高的独立性，为财务总监履行财务监督职能创造了良好的环境，有利于财务总监作出客观的判断和积极地开展监督工作；③监督效率较高。通过参与企业财务决策，财务总监的财务监督贯穿于企业的日常经营与财务收支的全过程，具有较强的及时性与连续性。人事上和经济上的独立，又有利于财务总监保持客观和公正的态度，不受企业经营者控制，使财务监督得以有效进行。

提高财务总监的财务监督作用的建议包括：

对企业的资本运营情况进行监督。这项监督包括，参与拟订企业的年度预算决算方案、资金使用和调度计划、费用开支计划、筹融资计划、利润分配方案等经营中的重大决策；参与企业的贷款、担保、产权转让等重大决策；对下属子公司或分公司的财务活动进行监督和检查；财务总监与总经理对企业的重大财务收支行为实行联签制度，企业资金收支行为的金额超过一定限额的，必须由财务总监和总经理共同签名批复后，才能执行。

对违规行为的干预权及处罚权。财务总监应有权对财务人员任用、调动、奖惩、处分；有权完善企业的财务管理制度；有权阻止总经理或其他经理人员的不当的财务行为或错误的财务决策；有权责令有关部门或人员纠正违反企业财务制度的行为；紧急情况下，为阻止企业损害股东的合法权益，有权执行封存企业财务账簿、财务掌印等强制性手段。

(2) 经营者财务监督。经营者财务监督主要代表董事会的利益，为了有效履行所有者的受托责任，经营者就需要监督受托者的业务活动及财务行为。经营者财务监督的监督主体包括企业内部审计机构、财务部门以及广大的企业职工，监督客体为经营者的财务行为。经营者财务监督是所有者财务监督的一种必要的延伸。经营者财务监督不应该仅仅包括从上到下的委托——代理秩序下的财务监督方式，还应充分发挥层级的财务监督的作用，即下级部门或人员对上级部门或人员的监督，才能有效保证经营者层面的财务监督的效果。在当今全球化背景下的激烈竞争中，员工是企业核心价值的主要来源，是企业核心能力的主要来源。因此，员工是企业的灵魂，在现代企业的经营和市场竞争力提升中彰显着重要的作用，企业监督权的分享心理应发生改变，从而形成了员工对经营者进行财务监督的逆层级财务监督。逆层级财务监督定位于下级个人或组织对于上级的财务监督，这种监督机制的形成是财务监督权利在企业内部员工之间的再分享。逆层级财务监督通过财务监督权的分配程序的公开透明可以有效激励企业员工的积极性和监督的热情，使财务监督得以有效实施。企业的经营者财务监督主体包括：财务部门、内部审计机构以及企业员工。

(3) 补充性财务监督。补充性财务监督是指由企业外部利益相关者所实施的一种财务监督，其监督主体包括社会舆论、注册会计师等。所有者财务监督和经营者财务监督是一种企业内部的自我约束和监督，为了避免这种内部监督的失效，就需要对其进行再监督，就需要企业外部的力量来维护其他利益相关者的利益。

独立审计是作为财务监督体系的重要组成部分，是对上市公司保证其所提供的会计信息真实、完整的一种监督手段。注册会计师执行财务监督职能是通过会计师事务所的审计活动来实施的，理论上事务所及注册会计师与被审计单位的管理层之间没有关联关系，是完全独立的。因此，独立性是注册会计师财务监督的最基本特征。

第四节 财务审计中管理效益审计的延伸

企业财务审计是评价企业经营活动的一个重要手段，财务审计工作以公正、客观为原则对企业的资产、负债以及盈利进行审计监督。形成的审计报告能够清楚地揭露一段时间内企业的经营状况，对于企业投资、决策具有重要的支撑作用。随着经济发展模式的转变，财务审计工作不再局限于"核算"功能，而是向"管理"模式转变，因此财务审计中的管理绩效审计作用越来越显著，在企业财务审计工作中如何将财务审计向管理效益审计延伸成为人们关注的重点，以下就财务审计中管理效益审计的延伸进行研究。

随着市场经济体制改革的进行，国有企业在国民经济中的支柱作用越来越显著，为了更好地维护国家利益和发挥国有企业在国民经济中的支柱作用，就要在财务审计中加强管理效益审计。管理效益审计活动能够对企业的生产经营活动进行审计评估，对于改进经营策略和提高企业效益具有重要的作用。

一、财务审计中管理效益审计的延伸意义

（1）提高企业管理水平。企业需要对活动的计划、组织、协调与控制，有效的企业管理工作能够提高员工的工作积极性，增强企业实力，提高企业的竞争力，进而提高企业的盈利能力。管理问题会导致企业运行不畅，因此要想充分发挥管理的作用，就要充分利用管理效益审计工作，及时发现管理存在的问题，并发现问题的根本原因，从根本上消除这些降低管理水平的因素。管理绩效审计有利于提高企业的管理水平，提高企业的经营效益，因此财务审计工作向管理效益审计延伸十分有必要。

（2）有利于企业财务审计的发展。财务审计中加强管理绩效审计有利于财务审计工作的提升和发展。审计工作的重要职能就是对企业的经营状况进行公平的审计，客观地评价企业的经营活动，为企业接下来的决策提供有效依据，以及及时发现企业运营中的不足，促进国有企业的持续健康发展。随着竞争的加剧，传统的财务审计已经不能满足企业长期的发展需要，而应该立足企业实际情况，从长远出发，对企业总的管理情况和企业的竞争环境进行综合考虑，这就需要借助管理效益审计工作。

二、财务审计中管理效益审计的延伸途径

（一）明确延伸工作的切入点

财务审计在向管理效益审计延伸时要找准切入点，管理效益审计工作包含对

企业生产经营活动的计划、组织、协调与控制,工作范围十分广泛,在进行延伸时,是要找准切入点,采取逐步延伸过渡的方式。在初延伸阶段,要坚持量力而行的原则,先易后难,依据企业自身的实际运营情况以及审计工作人员的自身工作素质,找到适合本企业的审计工作转变模式,先在某个环节进行审计工作的延伸,在取得一定的成效之后再全面展开,这样可以在最大限度上提高延伸过程的顺利程度。

(二) 财务审计与管理效益审计融合

财务审计在向管理效益审计延伸时,要将财务审计和管理效益审计工作相结合。管理效益审计不能凭空进行,它需要财务审计的财务数据,因此只有保证财务审计数据的真实性和可靠性,才能向管理效益审计延伸。财务审计报告是财务审计工作的重点,其中企业利润是衡量企业管理效益的关键性指标,因此,必须将两者进行有机结合,在保证财务审计结果准确性的基础上,保证管理效益审计的科学性。

(三) 完善审计工作流程与激励机制

财务审计在进行的过程中程序简单,结果也是比较明显的,可以很快得到反馈,所以财务审计人员在工作的过程中就可以获得快速的成就感,也可以通过快速的反馈来改进自己的工作。管理效益审计在工作的过程中,工作结果的反馈也没有那么明显,但是一个良好的管理效益审计建议可以给企业带来很大的经济效益。一方面,由于员工得到的反馈不明显,在进行管理效益审计的时候需要完善审计工作流程,不断健全激励机制,保障管理审计人员的利益;另一方面,在进行审计工作的时候,管理者可以在一定程度上侧重管理审计,引导员工在管理审计上下功夫,这样可以促使员工进行管理审计,从而保证管理审计的工作。

(四) 提高工作人员的工作素质

审计工作涉及很多的经济活动,并且涉及很多的专业知识,在审计的过程中,审计人员还要保持谨慎、仔细的心态,这样才能在最大限度上保证审计结果的准确性,也才能为管理者制定决策提供有力的依据。审计人员掌握多方面的专业知识对审计工作是很有益处的,所以财务审计和管理效益审计人员要不断学习相关的专业知识来提高自身的素质。审计人员只有通过持续学习,不断拓展自己的眼界和知识领域,才能从容应对审计过程中出现的各种问题,从而保证审计结果的准确性。

财务审计是反映企业发展的重要手段,但是随着企业的不断发展与进步,财务审计需要向管理效益审计不断延伸,这样才能满足企业未来的发展需要,也才能为管理者决策提供最为有力的依据,不断提高决策的准确性。财务审计在向管理效益审计延伸的过程中要讲究一定的方式、方法,通过科学合理的方法延伸是满足企业未来发展的必然要求。

第五节 企业财务审计与成本控制

企业是以营利为目的的,所以利益的最大化是企业的目标,那么适当地减少不必要的成本对企业的发展是很重要的。成本控制与企业财务审计之间应该形成正向的关联性,这两者应该是一种互利共赢的关系,所以,要采取有效的措施将财务审计与成本控制联合起来,提高企业的经济效益,增强企业自身在市场中的竞争力。

在企业中,财务审计是财务管理的一部分,是对企业的财务账目、经营状况进行审核。而成本控制是企业对生产、运营等成本进行控制,这两者看起来似乎联系不大,但其实在企业的运转中,财务审计与成本控制具有很强的内在关联性,两者的工作内容不同,但是归根结底,它们的目标都指向企业资本,努力实现企业利益最大化。

一、企业成本控制

现代成本控制是指运用成本会计的方法,对企业经营活动进行规划和管理,以实际成本和成本限额比较,衡量经营活动的成绩和效果,并按照例外管理的原则对不利差异予以纠正,以提高工作效率,不断降低成本。它是企业实施战略管理的重要环节,是降低成本、提高经济效益的重要手段,是抵抗内外压力、求得生存的主要保障。

(一)成本控制的原则

成本控制有两方面含义:①广义。广义的成本控制就是成本经营,强调对企业生产经营的各个环节和方面进行全过程的成本控制,控制包括成本预测、成本计划、成本日常控制、成本分析和考核等一系列环节;②狭义。狭义的成本控制,就是成本的日常控制,主要是指对生产阶段产品成本的控制,即运用一定的方法将生产过程中构成产品成本的一切耗费限制在预先确定的计划成本范围内,然后通过分析实际成本与计划成本之间的差异,找出原因,采取对策以降低成本。

成本控制的原则主要包括以下四点:

(1)经济性原则。经济性原则是指因推行成本控制而发生的成本,不应超过因缺少控制而丧失的收益。加强成本控制,是为了降低成本,提高经济效益。但提高经济效益,不单是依靠降低成本的绝对数,更重要的是实现相对的节约,取得最佳经济效益。

(2) 全面性原则。全面性原则是指成本控制的全部、全员、全过程的控制。全部是对产品生产的全部费用要加以控制，不仅对变动成本（或费用）要控制，对固定成本（或费用）也要进行控制。

(3) 例外管理原则。例外管理原则是指企业应当对那些超乎寻常的例外事项进行重点控制，以提高成本控制工作的效率和效能。

(4) 有效性原则。有效性原则是指成本控制应根据明确、全面、完整的成本计划，设计成本控制系统，以更好地保证成本计划的实施和成本控制目标的实现。

（二）成本控制的类型

成本控制涉及的内容广泛且复杂，为了详细、系统地对成本控制进行研究，充分发挥成本控制的作用，有必要对成本控制进行分类。

1. 按成本控制实施部门的不同划分

企业经济效益的好坏，直接关系到国家和企业的利益，因此，成本控制问题不仅仅是企业自己的事，需要企业和综合经济管理部门共同努力才能完成。成本控制可分为两大类型：

(1) 宏观成本控制。宏观成本控制是指国家综合经济管理部门采取各种措施来降低企业成本费用的支出。国家宏观经济管理部门出台的各项方针政策，对企业成本费用的发生额影响很大，如成本开支范围、税费的收取比例、价格政策、产业扶持政策等，都会对企业的成本费用造成重大的影响。宏观成本控制对于企业的成本控制而言，是非常重要的一个方面，有时关系到企业成本控制的成败。

(2) 微观成本控制。微观成本控制是指企业的会计部门在整个企业范围内所实施的控制，主要是对企业应完成的各项成本指标所进行的控制。实施微观成本控制，可以使企业采取有效的控制措施，以利于企业整体被控指标的完成。同时企业内部各级核算单位，也应根据企业成本管理部门下达给本单位的各项有关成本指标，并结合本单位的具体情况，制定合理的成本控制程序和方法，进而确保企业整体成本控制目标的完成。

2. 按成本控制的时间不同划分

(1) 事先控制。事先控制是成本控制的开端，又称事前控制，即在成本发生之前，事先确定成本控制标准，如劳动工时定额、物资消耗定额、费用开支预算以及各种材料的成本目标等，对各种资源消耗和各项费用开支规定数量界限，作为衡量生产费用实际支出超支或节约的依据，并建立健全成本管理制度，以达到防患于未然的目的。

(2) 事中控制。事中控制是成本控制的中心环节，又称过程控制，是指对成本的耗费所进行的日常控制。事中控制以成本标准控制成本实际支出，并将成本的实际支出与成本标准进行比较，及时发现产生的偏差，以消除或减少这些差异。成本差异是重要的管理信息，它从成本上及时反映企业经营管理中哪些方面取得了成绩（顺差），哪些方面存在问题（逆差），这就有利于加强企业的经营管理，寻求降低成本的途径。

（3）事后控制。事后控制是考核阶段的控制，即对成本的实际耗费进行事后分析，及时查清成本差异发生的原因，确定责任归属，总结经验教训，评定和考核业绩，制定有效的措施，改进工作，以提高成本管理的水平。

成本的事后控制着眼于将来工作的改进，避免不合理的支出和损失的重新发生，为未来的成本管理工作指出努力的方向。成本的事后控制是事中控制的延续，而事中控制又是事后控制的前提。成本有了事中控制，就能在每一项生产费用发生之前或发生之时加以控制，把它限制在合理范围之内，以达到降低成本的目的。但是，事中控制还有一定的局限性，它一般只限于一时、一地、一事的单项成本控制，至于一个时期、一个单位、一种服务的综合成本分析和考核，则有待于成本的事后控制。另外，由于成本控制是一个不断循环的过程，所以，就本质而言，事后控制实际上还是下一个循环中事先控制的组成部分。

3. 按成本控制控制的范围不同划分

根据成本控制控制的范围不同，可分为全面控制和重点控制。全面控制是指对企业所发生的所有的经济业务都要进行控制，使其无一遗漏地处于被控制之中，以确保企业被控指标的全面完成。

重点控制是指对完成被控指标影响最大的重点部门和职工投入较多的人力、物力、财力和时间对其发生的经济业务进行控制。只有重点控制的目标完成了，才能带动其他部门被控目标的完成，进而完成企业整体的成本控制任务。因此，在一般情况下，全面控制和重点控制相互发挥作用。

成本管理中所说的成本控制一般是指全面的成本控制，也就是说，应对企业的生产全过程、所有部门和人员都应进行控制，才能取得满意的控制效果。但是，由于时间、精力、财力等方面的限制，不可能对所有的对象都进行重点的成本控制，这样也不能取得较好的效果。所以，应对重要的项目进行重点控制，而对于一些非重点的项目进行一般控制。这样，全面控制和重点控制相结合，十能取得较好的控制效果。

4. 按成本控制与其被控制对象的关系不同划分

（1）直接控制。直接控制是指通过制定成本控制制度、方法、标准等方式，直接对企业发生的经济活动所进行的控制。企业发生的各项经济业务都需经过会计部门进行反映和控制，因而，直接控制是成本控制的主要方法，其效果也是非常明显的。

直接控制的对象是对企业成本费用的高低产生重大影响的一些项目。这些项目影响较大，控制的好坏直接影响成本控制的效果。因此，应将其纳入直接控制的范围之内，成本管理部门实施直接控制。而对于一些次要的项目，由于金额较小，影响不大，则可由各个部门来实施控制。

（2）间接控制。间接控制是指某些活动不是由会计部门直接实施控制，而是由企业的其他职能部门和有关的职工参与，企业的会计部门只是通过有关的规章制度、方法间接地对其所进行的控制，例如企业的材料采购、产品的销售费用等。

（三）成本控制方法

标准成本是通过调查、分析与技术测定等科学方法确定的按照成本项目反映的应当发生的单位产品成本目标。标准成本是用来评价实际成本，衡量工作效率的一种预计成本。标准成本剔除了不应该发生的浪费和不合理的支出；标准成本考虑了未来发展趋势和应采取的措施，因此标准成本能够体现企业的目标和要求。

在实际工作中，标准成本指单位产品的标准成本，亦称"价格标准"或"成本标准"，一般是由财务部门会同采购部门、技术部门和其他相关的经营管理部门，在对企业生产经营的具体条件进行分析、研究和技术测定的基础上根据单位产品的标准消耗量和标准单价计算出来的。

1. 标准成本的类型

根据制定标准成本所依据的生产技术和经营水平不同，标准成本一般可分为三种：

（1）理想标准成本。理想标准成本是以现有技术、设备和经营管理达到最优状态为基础确定的最低水平的成本。理想标准成本制定的依据，是材料无浪费、设备无事故、产品无废品、工时全有效的最优生产条件和理想生产要素价格。理想标准成本的主要用途在于提供一个完美无缺的目标以揭示实际成本下降的潜力，这意味着即使全体职工共同努力也常常无法达到理想标准成本，因此这种成本不宜作为现实考核的依据。

（2）正常标准成本。正常标准成本是以正常的技术、设备和经营管理水平为基础，根据下一期将要发生的生产要素消耗量、生产要素预计价格和预计的生产经营能力利用程度制定的标准成本。正常标准成本在制定时考虑了生产经营中一般难以避免的损耗和低效率，它是经过一定努力可以达到的成本，因而可以调动职工的积极性。正常标准成本的采用是有条件的，即国内外政治经济形势稳定，企业生产经营比较平稳。在标准成本制度中，广泛使用正常标准成本。

（3）现实标准成本。现实标准成本是在正常标准成本的基础上，根据现行期间最可能或应该发生的生产要素价格、生产经营效率和生产经营能力利用程度而制定的标准成本。该成本是期望可以达到的标准成本，即是一种经过努力可以达到的既先进又合理，且实际可行，更接近现实的成本。由于现实标准成本包含了企业在目前的生产经营条件下还不能避免的某些不应有的低效率、失误和过量的消耗，因此，在数量上该成本大于正常标准成本。

2. 标准成本的制定

在制定标准成本时，企业要根据自身的技术条件和经营水平，在三种不同的标准成本中进行选择。在这三种标准成本中，理想标准成本小于正常标准成本，而正常标准成本又小于现实标准成本。由于正常标准成本具有客观性、现实性、激励性和稳定性等特点，因此被广泛运用于具体的标准成本的制定过程中。制定标准成本包括：

（1）直接材料标准成本的制定。某单位产品耗用的直接材料标准成本是由材料的用量标准和价格标准两项因素决定的。

1）直接材料用量标准的制定。直接材料的用量标准是指单位产品耗用原料及主要材料的数量，通常也称为材料的消耗定额。这一标准包括形成产品实体必不可少的材料消耗量，以及难以避免的各种损耗。直接材料用量标准一般根据企业产品的设计、生产和工艺的现状，结合企业经营管理的水平，考虑成本优化的要求和材料在使用过程中发生的必要损耗，以产品的零部件为对象制定的各种原材料的消耗定额。

2）直接材料价格标准的制定。直接材料的价格标准是指以往年采购合同的价格为基础，考虑到未来物价、供求等各种变动因素，由会计部门和采购部门共同制定的预计下一年度实际需要支付的进料单位成本。直接材料价格标准一般包括材料买价、运杂费和正常损耗等成本，是取得材料的完全成本。

（2）直接人工标准成本的制定。某单位产品耗用的直接人工标准成本是由直接人工工时用量标准和直接人工价格标准两项因素决定的。

1）直接人工用量标准的制定。直接人工的用量标准是指企业在现有的生产技术条件、工艺方法和技术水平的基础上，考虑提高劳动生产率的要求，采用一定的方法，按照产品的加工工序分别制定的单位产品所需用的标准工作时间，一般包括产品加工工时、必要的间歇或停工工时，以及不可避免的废品所耗用的工时等。单位产品耗用的各工序标准工时由工程技术部门和生产部门以作业研究和工时研究为基础参考有关的统计资料制定。

2）直接人工价格标准的制定。直接人工的价格标准是指由劳动工资部门根据用工情况制定的标准工资率。不同的工资制度下，工资率标准的具体内容不同。在计件工资制下，标准工资率就是单位产品所支付的生产工人计件工资单价除以产品工时标准；在计时工资制下，标准工资率就是单位工时标准工资率，它是由标准工资总额除以标准总工时来计算的。

（3）制造费用标准成本的制定。某单位产品耗用的制造费用标准成本是由制造费用用量标准和制造费用价格标准两项因素决定的。制造费用的标准成本需要按照部门分别编制，各部门制造费用标准成本由变动制造费用标准成本和固定制造费用标准成本两部分组成，某种产品制造费用的标准成本是将生产该产品的各个部门单位制造费用标准加以汇总而得。

1）变动制造费用标准成本的制定。变动制造费用的用量标准通常采用单位产品直接人工工时标准，除了这一标准以外还可以采用机器工时或其他用量标准，但都应尽可能与变动制造费用保持较好的线性关系。变动制造费用的价格标准，即每一工时变动制造费用的标准分配率，是根据变动制造费用预算和直接人工总工时计算所得。

2）固定制造费用标准成本的制定。在变动成本法下，固定制造费用属于期间费用不计入产品成本，因此，也就不存在固定制造费用标准分配率问题。变动成本法下，固定制造费用的控制主要是通过预算管理来进行。

在完全成本法下，固定制造费用要计入产品成本，并需要制定其标准成本。为了便于进行差异分析，固定制造费用的用量标准与变动制造费用的用量标准要保持一致。

固定制造费用标准分配率根据固定制造费用预算和直接人工标准总工时计算所得。即固定制造费用标准分配率 = 固定制造费用预算总额 / 标准总工时 单位产品固定制造费用标准成本 = 单位产品直接人工工时标准成本 × 每小时固定制造费用标准分配率。

因此，各部门制造费用标准成本就是变动制造费用标准成本与固定制造费用标准成本两者的合计。单位产品标准成本是根据已经确定的直接材料、直接人工和制造费用的标准成本加以汇总来确定的。通常企业要为每一种产品编制一张"标准成本卡"，用来反映单位产品标准成本的具体构成。

二、提高企业财务审计与成本控制的措施

企业的财务审计可以有效地为企业资金提供一个有效的保护屏障，投资就会有风险，资金对一个企业而言就是它的血液，投资必然会有付出和收益，通过审计活动进行合理的预算，再对资金的流量和流向实行监控，通过这样一个过程，使付出与收益达到一个相对平衡的状态。从而在功能范围内为成本控制提供合理化的建议，提高公司的效益。

（1）财务管理中的有效成本控制。财务部门是企业的重要部门，几乎每一个企业都会给财务部门大量的人力、物力以及财力的支持，定期进行审计工作，这样可以有效地保证财务部门的正常运转，从而推动企业的发展。财务审计与成本控制没有直接明显的联系，它们是通过财务管理紧密地结合在一起的。将二者紧

密结合，在对资本进行明确的预算时，财务部门可以安排专门的人员对成本控制的资本预算进行审计，这不仅使成本预算相对科学，也有利于财务部门日后的具体工作，防止不必要资金的浪费。

（2）采用绩效管理和岗位责任制的新模式。财务审计与成本预算虽然在理论上是企业的两个不同分支，但是在实际工作中，有很多工作内容是紧密联系的，所以要明确责任制，任务要有效地分配到个人，员工之间也需要进行有效的交流与沟通，这就能有效地避免工作重复，浪费人力、物力、财力上的资源。将审计工作和成本控制的相关工作具体分配到个人后，明确责任制，进行绩效管理。这样工作人员在明确工作目标后，为了提高个人业绩，将会提高工作人员的积极性和工作效率。

在企业发展过程中，加强对财务审计的管理是保证企业正常运行的基础和前提，是为企业的经营发展决策提供真实而准确的依据。为适应新时代的发展模式，企业也必须对已存的财务审计模式进行创新。

企业发展过程中，为保证财务审计工作的顺利进行，企业应该以企业发展现状为基础，明确规定财务审计的责任范围，确保权责划分更为清晰明确；严格规范审计人员的审计行为，根据审计工作人员工作状态，制定更新审计人员工作手册，不断强化审计工作机制；保证审计工作人员执行监督行为时具有明确的权力，企业还需要制定审计工作执行标准。同时还需要协助审计人员制定经费支报执行标准以及业务流程等，便于审计工作的顺利执行，同时还可以将审计部门的日常工作记录下来，作为后期持续工作的数据基础，对审计工作的执行给予辅导和帮助，不断提升工作质量。

第七章 财务审计创新应用有效性的策略

第一节 根据企业的发展,实现审计独立

要想确保企业财务审计工作顺利开展,充分发挥审计工作的作用,就要根据企业的具体情况,设置独立的财务审计部门,以此更好地开展审计工作。现阶段,企业财务管理水平的提高与其财务审计实效性的高低有着直接关系,因此,为了提高企业财务审计水平,避免被相关因素影响,企业就要尽可能确保财务审计部门的独立性。为此,企业要设置独立的财务审计部门,以此来为审计活动的顺利开展做出保障。必须充分考虑到企业运行发展以及财务管理工作的具体需要,对财务审计部门单独设置,并科学合理地对财务审计人员进行安排,从而使其在岗位上充分发挥作用,同时,还要制定完善的制度以及有效的措施,明确相关财务审计人员的职责所在,确保所有财务审计人员都可以严格依据相关要求来进行财务审计,促进财务审计实效性的提高。要根据企业的发展,实现审计独立,从而进一步推动审计工作实效性的提高。要确保审计部门以及审计人员能够独立进行工作,不被其他任何部门所干扰,避免其他财务管理部门的约束,可以让财务审计部门以及相关财务审计人员直接对企业总经理或是董事会负责。通过这样的方法,不但可以提高企业财务审计独立性,还能够提高企业财务审计水平,能够帮助企业获取更多的经济效益。

第二节 针对性改进措施,拓展审计范围

为实现企业财务管理水平的提高,就要保证财务审计的顺利开展,并在进行过程中及时发现问题,及时改正,适当拓展企业财务审计范围是很有必要的。现阶段,企业财务审计大都局限于财务会计审计。实际上,随着市场竞争激烈程度

的不断加深，假若企业知识开展财务会计审计，远远满足不了企业发展需要。要想有效地解决这些问题，企业就要采取有针对性的改进措施，适当拓展企业财务审计的范围。例如，企业可以根据当前企业运行及财务管理的需求，设置专门的财务审计部门，让其独立开展财务审计工作。与此同时，还要科学、合理地对相关工作人员进行分配，做好制度建设相关工作，确保责任能够落实到人，以此来实现企业财务审计工作的有效落实。此外，企业还要结合信息时代下的信息技术手段，合理运用计算机及信息技术，从而使企业财务审计能够加快现代化发展的步伐。这样还可以使财务审计的效率大大提高，能够更迅速地了解到企业财务部门基本情况，可以更及时地发现问题并采取可靠措施，从而提高企业财务审核工作能力。必须在实际应用中，不断地优化并创新企业财务审计方法，促进企业财务审计手段、审计管理的现代化发展，从而以此为基础，推动企业的进一步发展。

第三节　引进新技术，提高审计质量与效率

随着科技水平的不断提高，当前企业能够在财务审计中运用的先进技术越来越多，为了满足当前时代下企业发展要求，在进行审计的过程中，企业要结合实际情况，加强新技术及新措施。在开展审计工作时，通过对新技术的运用，可以实现企业财务审计的现代化发展，提供财务审计工作质量，确保各项相关活动正常开展。在信息技术越来越先进的今天，财务审计工作对现代信息技术有了更加深入的应用，这对于财务审计工作水平的提高有很大帮助。为此，企业要跟紧时代发展步伐，积极引进新的技术到财务审计中去，以此提高财务审计的效率以及质量。例如，可以通过计算机及信息技术建立起企业财务审计平台，做好数据设置，及时地对财务数据以及信息进行录入，不断丰富数据存储，从而更好地进行财务审计工作。通过这些措施，不但可以为财务审计工作的开展打下坚实基础，还能够更加便捷地进行财务审计工作，对于各相关数据资料的查询都更加方便、快捷，能够促进企业财务审计工作实效性的提高。

随着社会经济的迅速发展，当前市场竞争变得越来越激烈，企业要想得以生存并不断地发展，就必须要加强企业财务审计，从而提高自身市场竞争力。通过对企业财务审计的加强，能够有效提高企业财务工作水平，对于企业的可持续发展有很大帮助，可以促进企业进步。但就实际来看，当前企业财务审计当中还有着很多有待改善的问题，例如财务审计缺乏独立性、审计内容不够完善、审计制度没有落实等等，这些问题给企业发展造成了很大阻碍，影响了企业财务审计作用的有效发挥。所以，必须通过一系列的措施来对此进行优化及改进，从而为企业发展注入新的活力，使企业财务审计水平得以进一步提高。

总而言之,在时代发展日新月异的今天,企业发展所面临的竞争也更加激烈,企业要想实现长远发展,就必须对财务工作有高度的重视,更加合理地对资金进行运用,因此,财务审计工作的加强就显得很有必要。只有做好了财务审计工作,才能够提高财务工作水平,这也是企业适应时代发展、不断提高自身的关键所在。

第八章 总结与展望

第一节 主要结论

　　本书主要研究财务管理与审计创新，阐述财务管理和内部审计两者之间在内容、范围以及目的等方面的关联性，为企业管理水平的提升做出了很多的贡献。与此同时，它们两者在工作立场和角度方面存在一定的冲突，需要采取一定的措施进行协调。本书针对财务管理和审计创新提出的有效策略如下：

　　（1）提升对财务管理及审计工作的重视程度。鉴于财务管理及审计工作对企业发展的重要作用，需要企业管理者及管理人员均能正确地认识这两项工作，并提升对这两项工作的重视程度，实现两者之间的良好协调。第一，企业管理人员应该正确认识到会计财务管理和内部审计之间在内容、应用范围以及目的方面的关联性，并强化财务管理人员对两者之间相关性的认知程度，以培训的方式，增强财务管理人员在财务管理方面的技能水平，同时，掌握一定的审计方面的知识；第二，财务管理人员需要结合企业财务的实际情况，制定完善的管理制度，规范工作人员的各项工作，此外，为能与企业的发展及不断变化的需求相适应，还需要做出创新，使管理工作不断完善，提升管理制度的适用性；第三，为财务管理人员普及有关会计核算、财务管理以及内部审计方面的工作要点，明确各岗位人员的职责，将责任具体落实到个人，提升员工在工作中的责任意识和积极性；第四，需要结合岗位结构和工作内容情况，将不相关的职务分离开来，构建奖惩制度，对于表现良好的员工，给予精神或者物质奖励，调动员工的工作热情，营造良好的企业工作氛围。

　　（2）建立完善的财务管理体系。企业在经营发展中，财务管理体系中包含的具体工作内容比较多，如财务管理、会计信息审核、财政分析、内部审计等。企业要想进一步完善和优化财务管理体系，需要内部各个部门之间相互协调、相互帮助，基于此，企业应明确各个部门、各个岗位的具体工作职责，让各个部门了解到与其他部门沟通及协调的重要性，促使其积极开展沟通及协调工作，形成通畅的信息反馈渠道，提升企业经济信息的收集、分析以及处理等工作的效率，用最快的速度将经济信息反馈给管理人员，为企业领导者提供参考依据，以便做出正确的战略决策，带领企业朝着更好的方向发展。

（3）强化内部监督工作。企业在经营管理工作中，应该结合财务管理工作的特点和实际情况构建相应的考评制度，提升财务管理工作的规范性。同时，还应该强化外部审核和内部控制工作，全面规范企业员工的工作行为。企业开展财务管理和内部审计工作的目的在于提升企业经济活动的合理性和科学性，确保财务信息的可靠性和真实性。所以，企业应该强化内部监督工作，对员工的日常工作行为进行考察和监督，防止员工做出危害企业利益以及违法犯罪的事情，如果发现挪用公款、贪污腐败的行为，需要严格进行处理和惩罚，将工作落实到位，确保企业各项经营活动的顺利进行。

总而言之，在当前经济体制不断深化和改革的背景下，企业要想在市场竞争中获得长期的生存和发展，必须正确认识到财务管理和内部审计工作的重要性，了解两者在内容和目的方面的关联性。同时，在实际发展中，加强工作人员在管理上的创新；建立完善的工作体系，强化内部监督工作，规范和协调财务管理和内部审计工作，通过两者的合力，共同提升企业的经营管理水平，增强企业的竞争实力，推动企业长期健康地发展。

第二节 研究局限及进一步研究的方向

在当前国内市场国际化的背景下，我国企业在国内面对的不仅有国内企业的竞争，也同时面临着国际企业乃至跨国企业的竞争，竞争内容从产品或者服务逐步转向人才竞争。随着竞争形态的变化，近年来企业管理水平的竞争成为主要竞争内容，财务审计作为企业管理的重要内容，无疑在企业管理水平的竞争中成为重要的一环。

当然，随着市场经济体制改革的日渐深入，我国财务审计也在不断改革，呈现出良好的发展态势。客观分析和探讨我国财务审计发展的趋势，有助于健全和完善财务审计，推动财务审计的规范化和制度化，从而增强企业的综合竞争力。

（1）从财务领域向经营和管理领域发展。从财务领域向业务经营和企业管理领域发展是国际上财务审计发展的趋势，也是现代化企业竞争态势发展的必然方向。发达国家财务审计对企业管理和业务经营的关注程度远远超越对财务自身领域的关注程度。

（2）从事后审计向事前审计发展。当前我国财务审计对事前和事中的审计逐步开始引起企业的关注，随着企业竞争的发展和审计自身演变，单纯的事后审计对经营活动进行全面、准确和科学的评估已经力不从心，事中和事前审计提上了日程。事中、事后审计与事前审计相结合，使财务审计贯穿于生产经营管理的全过程，事前预防成为重点。这种情况下，审计工作包括对决策前企业计划决策的审计，侧重对决策方式、决策依据和决策可行性进行审计。进入决策过程中，参与项目可行性研究，进行经济技术分析与论证。

（3）审计人员素质要求提高。随着现代财务审计工作范围和流程的转变，财务审计人员所必备的素质日趋复合化，财会、行为科学、经济学、法律、人力资源管理以及技术管理等成为财务审计人员必须掌握的基本知识和专业知识。由此，审计人员的职责发生了新的调整。

由此可见，随着现代企业竞争局面的根本改观，财务审计从幕后走向前台，参与企业决策与管理，评估与规避企业风险，为企业提供咨询、顾问服务，承担企业管理责任，进而成为企业管理的核心部门是现代企业财务审计发展的必然趋势。

参考文献

一、著作类

[1] 秦荣生.现代内部审计学［M］.上海：立信会计出版社，2017.

[2] 任凤辉，刘红宇.施工企业财务管理（第3版）［M］.北京：机械工业出版社，2018.

[3] 时现.内部审计学（第3版）［M］.北京：中国时代经济出版社，2017.

[4] 王培，郑楠，黄卓.财务管理［M］.西安：西安电子科技大学出版社，2019.

[5] 杨荣美，李培根，孟志华.财务审计［M］.北京：中国税务出版社，2010.

[6] 张丽，赵建华，李国栋.财务会计与审计管理［M］.北京：经济日报出版社，2019.

[7] 张永国.财务审计［M］.沈阳：东北财经大学出版社，2018.

二、期刊类

[1] 曾壁鹏.大型企业实行会计集中核算对财务管理的影响及对策［J］.全国商情，2016（23）：29-30.

[2] 陈美秀，谢清，朱丽娜.浅析人工智能对财务管理的影响［J］.企业科技与发展，2020（10）：224-226.

[3] 陈南.影响商业经济运营效益的原因及利润提高策略探析［J］.现代经济信息，2019（08）：74.

[4] 陈素兰.会计审计对于优化企业财务管理的路径构建［J］.科技经济市场，2020（07）：26-27.

[5] 邓兴伟.企业绿色财务管理体系的建立［J］.现代经济信息，2019（20）：

194+196.

[6] 邓颖辉.风险导向下企业财务内部控制存在的问题及优化分析［J］.纳税，2019，13（14）：116+119.

[7] 丁燕敏.财务审计中独立性的问题及对策探讨［J］.全国流通经济，2018（26）：103-105.

[8] 董培玉.会计审计中会计核算方法的运用思考［J］.全国流通经济，2020（07）：177-178.

[9] 范国鑫.财务会计工作中审计方法的应用［J］.现代营销，2020，（1）：206-207.

[10] 范小利.会计审计中会计核算方法的运用［J］.纳税，2019，13（31）：180.

[11] 高璐.上市公司内部控制审计对财务报表审计质量的影响［J］.现代商业，2020，（1）：183-184.

[12] 龚燕.浅析内部审计在财务管理中的作用［J］.中国集体经济，2020，（8）：139-140.

[13] 郭龙增.建造合同准则下建筑施工企业财务管理研究［D］.长春：吉林大学，2011：25-40.

[14] 韩庭忠.基于财务预算管理的企业财务控制分析［J］.现代经济信息，2019（02）：279.

[15] 黄雪勤.论企业筹资与投资风险及防范［J］.经贸实践，2018（15）：149.

[16] 金维岚.财务报表审计与内部控制审计的整合探索［J］.现代商业，2020，（11）：173-174.

[17] 李聪颖.企业财务预算控制模式研究应用［J］.纳税，2019，13（15）：110+112.

[18] 李慧.企业财务审计向管理效益审计延伸的方法研究［J］.中国商论，2020（18）：175-176.

[19] 李建俊.企业财务管理信息化建设问题及对策研究［J］.营销界，2020（51）：134-135.

[20] 李克红.人工智能视阈下财务管理挑战与创新［J］.新会计，2020（10）：6-13.

[21] 李彦明.内部控制审计对财务报表审计意见的影响及完善措施分析［J］.财会学习，2020，（2）：171，173.

[22] 刘榕.浅谈建筑企业会计风险管理中内部审计的重要性［J］.现代营销（信息版），2019（10）：36.

［23］刘伟.企业财务审计的优化路径［J］.市场研究，2018（12）：53-54.

［24］刘小建.网络环境下的财务管理创新探讨［J］.中外企业家，2020（08）：69.

［25］刘秀文.内部审计在企业财务风险控制中的作用分析［J］.中国商论，2020（7）：115-116.

［26］鹿云飞，王郑萍.论绩效审计与内部审计咨询职能的履行——基于绩效审计与财务审计的比较研究［J］.中国内部审计，2015（03）：24-28.

［27］马涛涛.建筑企业会计风险管理中内部审计作用分析［J］.现代经济信息，2019（18）：186+188.

［28］马宇亮.论财务审计中独立性的问题及对策［J］.财经界（学术版），2018（14）：122.

［29］任慧彬.会计审计工作对优化企业财务管理的路径构建［J］.知识经济，2013（12）：109.

［30］宋萍.绩效审计与财务审计的对比分析［J］.企业科技与发展，2019（06）：285-286.

［31］谭兰姣.论网络环境下的企业财务管理［J］.全国流通经济，2020（32）：54-56.

［32］唐先胜.浅析企业财务业绩评价指标体系［J］.知识经济，2020（19）：77-78.

［33］唐璇.企业财务审计信息管理问题研究［D］.保定：河北大学，2014：9-33.

［34］王琪.企业内部审计独立性对内部控制的影响［D］.北京：首都经济贸易大学，2016：15-22，34-40.

［35］魏峰培.企业财务审计与成本控制间的关联性探究［J］.中国商论，2020（20）：183-184.

［36］向虎.企业投资与筹资的资金成本与风险控制问题［J］.中国商论，2019（06）：96-97.

［37］杨涵.财务报表审计和内部控制审计的整合研究［D］.北京：北京交通大学，2018：10-51.

［38］杨梅芳.内部审计在建筑企业会计风险管理中的作用分析［J］.现代经济信息，2014（22）：233-234.

［39］俞子龙.财务会计工作中审计方法的有效应用分析［J］.财会学习，2020，（6）：163-165.

［40］张瑞鹏.内部控制审计和财务报表审计的整合研究［D］.天津：天津财经大学，2016：12-61.

［41］张娅.企业会计核算规范化管理分析［J］.财会学习，2020（09）：133-134.

［42］赵晓彦.强化农村财务审计规范农村财务管理［J］.农村经济与科技，2020，31（2）：134-135.

［43］周展娥.会计审计对企业财务管理的促进作用［J］.财经界，2020，（3）：209-210.

［44］朱靖宇.企业财务管理业绩评价方法［J］.中外企业家，2018（27）：35.

［45］朱思恩，陆雪莲.新时代加强企业财务审计的有效方法［J］.商场现代化，2019，（22）：167-168.